大正琴

上達レッスン

技術と表現力を磨く

泉田 由美子 監修

JN092820

大正琴

上達レッスン

技術と表現力を磨く

泉田 由美子 監修

JN092826

目 次

はじめに

こんにちは。「ぱぴよんの会〜生涯学習〜音楽教室」を主宰している泉田由美子（いずみだゆみこ）です。

　本書は、すでに大正琴を弾いておられる人たちが、さらにワンランク上の演奏ができるよう、これまで自分が培ってきた指導経験をもとに工夫をこらしています。意外と見落とされがちが基本的な知識や技術の確認から始まり、中上級者に必要なテクニックや音楽表現のコツなども丁寧に紹介しています。

　もともと音楽科の教員として学校で音楽を教えてきた経験から、大正琴だけでなく、ピアノや鍵盤ハーモニカ、声楽、合唱など、楽器や手段にとらわれず、音を楽しむことの大切さをお伝えしてきました。"いくつになっても音楽が心のよりどころになる"ことを目指し、楽譜が読めて、豊かな感性で弾いて歌える人たちを育てています。

　大正琴にはたくさんの流派がありますが、ここでは幅広い人に楽しんでいただけるよう、楽譜の記号類は一般的なものにとどめています。

　この本をきっかけに、皆さんが今よりもっと大正琴を楽しんでくださることを、祈ってやみません。

泉田 由美子

この本の使い方

　この本は大正琴を弾く際につまずきがちなテクニックや表現方法について、41のコツを取り上げ詳しく解説しています。コツにはそれぞれ複数のCHECK項目がありますので、読んで理解を深めるとともに、皆さんの課題の解決にお役立てください。

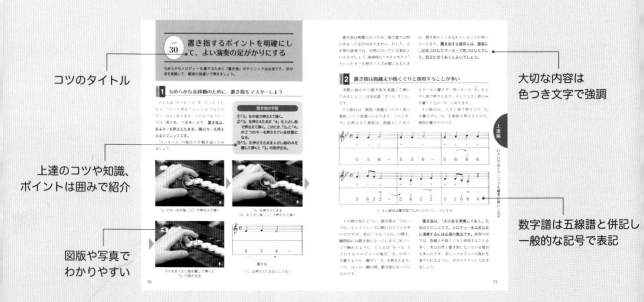

コツのタイトル

上達のコツや知識、ポイントは囲みで紹介

図版や写真でわかりやすい

大切な内容は色つき文字で強調

数字譜は五線譜と併記し一般的な記号で表記

基本編

大正琴の基本を確認して
土台を確実なものにする

大正琴の歴史や成り立ちを知り、上達の助けにしよう

コツ 1

繊細で哀愁ある音色が魅力の大正琴。演奏の前に、大正琴の歴史を振り返ってみましょう。また、楽器の買い替えを検討している人に役立つポイントもまとめておきます。

CHECK 1 大正琴は日本で生まれた唯一の楽器？！

ピアノやギター、そしてオーケストラで使われるさまざまな楽器は、ほとんどが西洋発祥です。和楽器と言われる箏や三味線なども、もともとは中国や西アジアなどから伝わったものがルーツであり、日本で誕生した楽器ではありません。しかし、大正琴だけは日本人が考案し、日本で成長を遂げてきた唯一の楽器と言われています。

大正琴は、楽器名どおり大正元年（1912年）に名古屋市出身の森田吾郎氏によって開発されました。

彼は、料亭や遊郭が建ち並ぶ街に生まれ、幼い頃から箏や三味線の音に慣れ親しんで育ちました。音楽の才にも恵まれており、14歳で一絃琴や横笛を演奏し、25歳にはヨーロッパに渡って演奏活動を行います。渡航先では、さまざまな西洋楽器に触れる一方、現代のワープロの原型にあたるタイプライターにも出会いました。アイデア豊富で手先も器用だった森田は、一絃琴の弦を指で押さえる代わりに、タイプライターのようにボタンを押さえて音階が弾けないものかと考えます。そして帰国後に大正琴の原形をつくりあげました。

その後、楽器の改良を重ねながら日本各地で演奏するうちに、大正琴の魅力が人々に知られるようになりました。大正時代は、

和洋折衷の華やかな文化が開花した時代です。この時代を背景に、大正琴の音は日本人の心の中に徐々に広がり、大正〜昭和初期にかけて大流行したのです。

「左手でキーを押さえて右手で弦をはじく」というシンプルな動作で音が出せる大正琴は、ピアノやヴァイオリンなど西洋楽器よりも安価で購入できます。なにより、日本の風土になじむ哀愁漂う音色は、昭和以降、一般大衆の音として浸透していきました。

現代では、大正琴の世界には多くの流派が存在します。性別や年齢を問わず広い世代に愛好家がおり、若い世代でも活躍する人が増えているのは実に喜ばしいことですね。

大正琴のヒントになったタイプライター

自分だけの楽器に巡り会うために…

大正琴は楽器店で購入できます。店頭に置いていない場合でも取り寄せが可能なので、店員さんに聞いてみましょう。また、インターネットでは各メーカーが丁寧に解説していますので、大いに参考になります。

自分だけのすてきな楽器を選ぶためのポイントをまとめておきましょう。

●まず予算を決めよう

カタログやインターネットで調べると、さまざまな楽器があり、価格もピンからキリまで。高価な楽器はハイグレードであることは間違いないのですが、楽器にあてられる予算は人それぞれです。まず、予算をしっかり決めましょう。その際、「○円〜○円の間で」と幅を持たせると、いくつかの楽器を比較検討しやすいと思います。ちなみに、初級の場合でも６万円前後からが目安となります。

●信頼できるメーカーのものを選ぼう

インターネット上で販売されている楽器の中には、教則本や周辺アイテムとセットになって１〜２万円という格安の楽器も存在します。しかし、あまりにも安価な楽器は「安かろう悪かろう」で、チューニングすることさえままならなかったり、すぐに壊れてしまったりと、トラブルがつきも

のです。信頼できる日本のメーカーからセレクトするようにしましょう。

なお、ネットショップ等で販売されている中古楽器は、調整もきちんとされていて十分使えます。不安な場合は、すでに中古を使っている人や先生に詳細を確認してもらって、選択肢に加えるといいでしょう。

●可能なら先生に相談・同行してもらおう

購入の際は、すでに大正琴を学んでいる友人や先生に相談するのがお勧めです。都合が合えば一緒に楽器店へ行って、アドバイスしてもらって何台か弾き比べてみると、よりいい楽器を選ぶことができると思います。

同行が難しい場合は、楽器店の店員さんに疑問点をすべて相談してみましょう。楽器本体だけではなく、周辺アイテムや修理についても丁寧に応じてくれる楽器店を選ぶのもポイントです。

●予算が許す限り最上の楽器を選ぼう

上達するにつれ、今よりももっと耳が肥え、楽器のよしあしがわかるようになります。「あのときもっといい楽器を購入しておけばよかった」と後悔しないためにも、予算の範囲内で、可能な限りハイグレードの楽器を選びましょう。

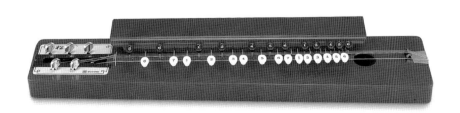

大正琴は日本人の心に響く日本生まれの楽器

コツ 2 楽器の仕組みの理解が効率的な練習につながる

皆さんがふだん演奏している大正琴は、どんなふうにつくられているかご存じでしょうか？ひとつひとつ手作業でつくられている工程を知り、ぜひ上達のヒントにしてください。

CHECK 1 大正琴の製作過程を知ろう！

タイプライターに着想を得た大正琴。キーの部分は金属ですが、土台の部分はアコースティックギターともよく似ていて、木製です。ここでは、わたしがふだんお世話になっている鈴木楽器製作所さんにお願いして、エントリーモデルの大正琴のつくり方を見せていただきました。

① フレットを打ち込む
フレット板の刻んだ溝にフレットという金属パーツを打ち込む。音程に関わる大事な部分。

② キーを組み立てる
土台の部分に、白黒のキーや、キーが自動で戻るためのバネなどを取りつける。

③ キーに番号をつける
白黒のキーにそれぞれポジションのシールを正しく貼りつける。

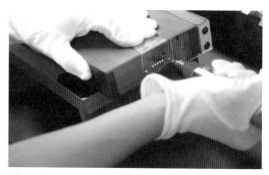

④ フレット板と糸掛板を取りつける
胴の部分に、フレット板や糸掛板を取りつける。つけ方はモデルによって異なる。

⑤ 糸巻きを取りつける

糸巻きを胴に取りつけ、順番に弦を張る。写真は機械で弦を巻いているところ。

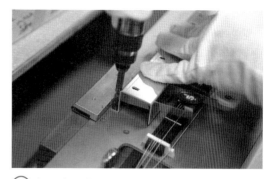

⑥ キーを取りつける

キーのついているパーツを、正確な音程が出せる位置に正しく取りつける。

⑦ 音程をチェックする

チューナーを使ってすべての弦を正しく合わせたあと、1音ずつピッチをチェックする。

⑧ キーを微調整する

1音ずつ弾いて、音程や音色のおかしなキーがあったら微調整する。

⑨ 天板をとめる

天板を置き、裏からネジでとめる。天板のつけ方は、モデルによっても異なる。

⑩ 最終チェックをして完成

もう一度音程を確認したら、全体をきれいに拭き、ケースや箱に入れて完成！

コツ3 演奏スタイルによって異なる楽器のセレクトと効果的な使い方

大正琴には現在、さまざまなバリエーションがあります。ベーシックなアコースティックタイプから、進化したエレキタイプまで、詳しく紹介しておきましょう。

CHECK 1 大正琴にはいろんなバリエーションがある

大正琴は、誕生以来、各メーカーが改良を重ねて現在の形状になりました。キーの配列はピアノを模しており、「キーを押さえて弦をはじく」という発音方法は、どの大正琴も同様です。

現在では、演奏スタイルや用途によってさまざまなバリエーションがあります。楽器からそのまま生の音が出るアコースティック大正琴に加え、音域（音の出る範囲）ごとにつくられた大正琴や、電気的に音量を増幅できるエレキ大正琴など、選択肢が広がっています。

●アコースティック大正琴

大正琴の演奏に必要な一通りの機能が盛り込まれたアコースティックタイプです。このタイプから大正琴を弾き始めた人も多いのではないでしょうか？

楽器自体の大きさはメーカーによって異なりますが、おおむね50〜

70cm幅、奥行きは15cmほどです。木の部分には、東南アジアで採れるアガチスという木材や、薄くスライスした木材を重ねて接着したプライウッドという合板などが使われます。

音域は、ピアノの鍵盤の真ん中の「ド」を中心に「ソ〜ラ♯」の約2オクターブです。

●高級大正琴

アコースティックタイプの中には、桐や山桑などの木材を使い、音質にこだわった高級な大正琴もあります。

素材にこだわった大正琴は音色も豊か

●音域ごとの大正琴

一般的な大正琴の音域は「ソ〜ラ♯」でソプラノといいます。この音域はメロディーを奏でるには最適なのですが、音楽を下から支える低音が出せません。そのため、太い弦を張り、長いボディーを持ったベース大正琴が生まれました。

一般的なアコースティックタイプの大正琴

さらに、ソプラノとベースの間の音域を補うアルトやテナーの大正琴もあります。これらは 1970 〜 80 年代に開発され、複数の演奏者でアンサンブルする際に活躍します。

合奏で活躍するアルト大正琴

ベース大正琴は曲の重要なベース音を出せる

CHECK 2 現代の主流は音量を調節できるエレキ大正琴！

アコースティックの楽器は、弾いた音を楽器によって響かせます。これを生音（なまおと）ということがありますが、生音には音量の限界があります。家の中で弾くのであれば支障なくても、音量の大きな楽器との合奏や、大きな会場で演奏したりするときは音が小さく感じることもあります。そのために、電気的に音量を増幅するエレキ大正琴が開発されました。

エレキ大正琴は、乾電池や電源コードから電気を供給し、楽器とケーブルでつないだアンプから音を出します。楽器内部に内蔵されたピックアップという小さなマイクで音を拾い、電気信号をアンプで増幅して大きな音にするのです。音量は楽器についているボリュームノブで調節できます。さらに、リヴァーブのような音響的な効果を付けたり、音色を調整できる機種もあります。もちろんアコースティックタイプとして生音を楽しむこともできます。

ピアノ伴奏と合わせるときやアンサンブル、ホールなどの広い会場での演奏では、エレキ大正琴は大活躍します。

初心者から上級者まで楽しめるエレキ大正琴

エレキ大正琴は、各メーカーがアイデアを凝らしたモデルを製作している

コツ
4

楽器のパーツや名称は、あやふやなまま楽器経験だけが伸びがち！

楽器をマスターするには、楽器自体の基本的な機構を知ることも大切です。各部の名称や音の出る仕組みはすべて理解していますか？

CHECK 1 楽器の各部の名称を確認しよう！

テキストやレッスンで学ぶ際は、楽器の基本的な構造や名称をきちんと理解しておくことが大切です。どの部分の何を指しているのかがうろ覚えだと、理解もあやふや

になってしまうからです。各部の名称はメーカーや流派によって多少異なりますが、ここでは一般的な名称を紹介します。

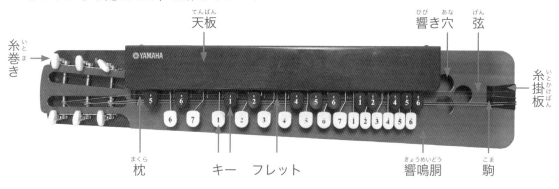

各部の名称はしっかりと覚えておこう！

CHECK 2 糸巻きと弦との関係、あなたは大丈夫？

糸巻きと各弦の対応を見てみましょう。弦を張り替える際、違う糸巻きを回してしまわないようにしっかりと覚えておいてください。

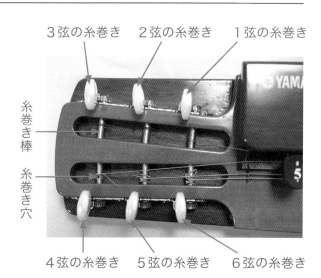

糸巻きは糸巻き穴の空いた糸巻き棒と連動している

12

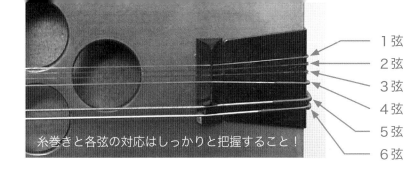

1弦
2弦
3弦
4弦
5弦
6弦

糸巻きと各弦の対応はしっかりと把握すること！

※一部の楽器では6弦がないものもあります。

CHECK 3 音の高さが変わる仕組みを理解しよう

　大正琴は弦をはじいて発音するので、箏やギターなどと同じ弦楽器に属します。

　弦楽器では、振動する弦の太さや長さによって音の高さが決まります。弦が細い方が音は高く、太いと低くなります。1〜3弦は細いので高い音が、6弦は一番太いので最も低い音が出ます。

　また、弦が短いと高い音が、長いと低い音が出ます。この長さの調節を行うのが指で押さえるキーです。大正琴のキーは、天板の裏側に取り付けられています。ピアノの鍵盤と同じように配列されていて、押さえるキーを変えると音の高さが変わります。その仕組みを見てみましょう。

　響鳴胴に貼られたフレット板には、フレットという金属板が埋め込まれています。フレットは、正確な音の高さが出せるよう精密に計算された位置にセットされています。

　指でキーを押さえると、キーから伸びている金属のレバーが6本（6弦のない楽器では5本）の弦を同時に押さえます。レバーは、フレットの真上ではなく、少しだけ左側（糸巻き寄り）で弦を押し下げ、フレットとレバーで弦がロックされます。このロックされた点から駒までの長さを変えることによって、音の高さが変わる仕組みになっています。

　糸巻きに近い左側のキーを押さえると、その位置から駒までの距離が長いので低い音になります。逆に響き穴に近い右側のキーを押さえると、駒までの距離が短くなるので高い音が出ます。また、キーを全く押さえない状態が一番低い音になります。

　キーをしっかりと押さえると弦がきちんとロックされ、澄んだ美しい音を出すことができます。この仕組みを頭に入れておきましょう。

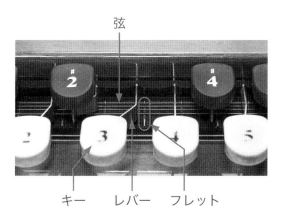

弦

キー　レバー　フレット

音の高さが変わる仕組みを理解しよう

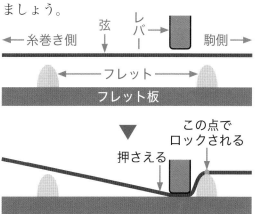

←糸巻き側　　弦　レバー　　駒側→

フレット

フレット板

押さえる

この点でロックされる

弦はレバーとフレットでロックされて音の高さが変わる

コツ
5

初級を超えた人こそ、自分に合ったアイテムを選ぼう

大正琴の演奏には、楽器以外に用意しなくてはならないアイテムがあります。すでに愛用しているアイテムでも今一度見直してみるといいでしょう。

CHECK 1 最低限これだけはそろえておこう！

大正琴は弦をはじくだけで音は出ますが、演奏するためにはさまざまなアイテムが必要です。特に**ピック・チューナー・弦は欠かせません。**

●ピック

右手で弦をはじくためのアイテムです。プラスチック製やナイロン製で、形や厚さもさまざまです。ギターで使うフラットピックと非常に似ていて代用も可能ですが、先端のとがり方などに微妙な違いがあります。大正琴専用のピックを選ぶ際は、**おにぎり型で比較的柔らかいものがお勧めです**（☞P.28）。

ピックは薄めのおにぎり型が定番

●チューナー

すべての楽器は、正しい音が出せるように最初にチューニングします。大正琴も演奏の前には必ずチューニングします。以前は音叉や調子笛といった器具を使って、耳だけを頼りにチューニングしていました。

現代では、**目で確認できて、正確かつ手軽にチューニングできるチューナーという機器があります。**値段的にもそれほど高価ではありませんので、ぜひ用意しておきましょう。

チューナーはメーカーからさまざまなタイプが出ています。大正琴専用のものもありますが、必ずしも専用のものである必要はありません。

据え置き型チューナーは
天板の上に置くと使いやすい

●弦

購入したばかりの大正琴には弦が張られています。しかし、切れたり劣化したりした場合は、自分で交換しなくてはなりません。**いつでも交換できるよう、スペアの弦を常備しておきましょう。**

弦は、1〜3弦が細線、4・5弦が細巻線、6弦が太巻線を張ります（5弦琴と6弦琴では張る弦が異なります☞P.20）。すべて

スチール製で、購入時はビニールの袋に封入され、さらに紙製の袋にパックされています。ビニールの袋は、弦が湿気などで錆びないように保護する役割があるので、使うときまで開封しないようにしましょう。

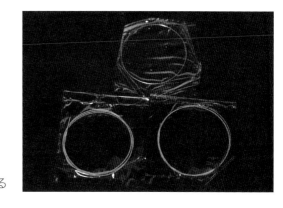

新しい弦はビニールの袋で保護されている

CHECK 2 あると便利な小物類

練習や本番の際に便利な周辺アイテムもそろえておくといいでしょう。

●譜面台

楽譜や練習のためのテキストを置くには、高さを調整できる譜面台があると便利です。譜面台は、正しい姿勢を保つためにも大切なアイテムです。

●スタンド

普段の練習では机やテーブルの上に楽器を置いて弾く人が多いと思いますが、演奏会で立奏（立って演奏するスタイル）する場合はスタンドが必要です。専用スタンドは高さが調節できるので、座奏（座って演奏するスタイル）でも使えます。一台持っておくといいでしょう。

折りたたみ式で
持ち運びしやすい
タイプ

専用スタンドを使うと
バツグンに演奏しやすくなる

脚の部分を省いた卓上タイプ

コツ **6**

楽器上手は練習上手！
練習しやすい環境を整えよう

大正琴の運搬に必要なケースについて見てみましょう。また、ストレスなく練習
できるためのヒントも紹介しておきます。

CHECK 1 家ではケースを開けっぱなしにしておこう

大切な楽器は、常にケースに入れて保管するのが基本です。しかし、いったんケースを閉じて部屋の片隅に置いてしまうと、次に練習するときに、ケースを動かし、ふたを開け、楽器を取り出し、セッティングという一連の作業がおっくうに感じるものです。「面倒だから練習は明日でいいや」と、

いつの間にか楽器から遠ざかってしまうことにも……。

心理的な負担を減らすためにも、**楽器は常に頑丈な机の上などにセットしておき、いつでもすぐに練習できる環境にしておく**といいでしょう。楽器をきれいな布で覆っておけば、ほこりをかぶる心配もありません。

スペース的に常に楽器を出しておけない場合は、ケースに入れておきましょう。その際も、ケースのふたは開けっぱなしか、すぐに開けられるようにして、練習したいと思ったらストレスなく楽器が取り出せるようにしておくといいでしょう。

ケースのふたは開けっぱなしにしておこう！

CHECK 2 楽器を運搬する際はケースが必須アイテム！

レッスンや演奏会などで楽器を運搬する際は、必ずケースに入れて運ぶようにしてください。楽器本体を裸のまま、もしくは布にくるむだけで運ぶことは絶対にやめましょう。楽器をぶつけて傷つけてしまうばかりでなく、事故やトラブルに巻き込まれ

て破損してしまう可能性があるからです。

ケースは、大きくソフトケースとハードケースに分けられます。

ソフトケースは楽器購入の際に付属します。基本的にはこのケースで十分ですが、運搬の機会が多い方は丈夫なハードケース

も別途検討するといいでしょう。

　ただ、ハードケースは頑丈な反面、重量もあるので、手軽に持ち運ぶには重すぎるかもしれません。

　最近では、**ソフトケースとハードケースの中間的なセミハードケースが人気です。**セミハードケースは、楽器を保護する骨格の部分が硬化発泡スチロールでつくられており、ソフトケースの軽さとハードケースの頑丈さを兼ね備えています。

　また、持ち手だけではなく、肩から吊り下げることもできるショルダータイプのケースもあるようです。

　雨天の際は、水分が中にしみこまないように、ケース自体をビニールなどでくるむといいでしょう。演奏会などで荷物が多い

上がソフトケース、下はセミハードケース

生徒さんの中には、買い物用のカートを自分で改造し、楽に移動できるようにしている方もおられます。

　ケースは、ガードマンのように楽器を守る頼もしくて便利なアイテムです。楽器と同じように慎重に選ぶのがよいと思います。

CHECK 3　ストレスをなくして練習に集中できる環境を整えよう

　両手の爪は切って常にきれいに整えておきましょう。左手の爪が伸びていると、キーを確実に押さえられない場合があります。また、右手の爪が整っていないとピックが滑り落ちてしまうことがあります。女性はおしゃれで爪を伸ばしている方もいますので、自分の演奏に影響のない範囲を見極めてもらえたらと思います。

　レッスンや練習の際は筆記用具が欠かせません。奏法や注意事項を楽譜に書き込むために、2Bくらいの柔らかく太い鉛筆を用意しましょう。書き込みを修正するための消しゴムも一緒にそろえておくといいで

すね。転がったり落ちたりして探す手間が増えないよう、ペンシル型の消しゴムがお勧めです。また、ポイントや繰り返し記号（リピートマーク）などをマーキングするために、蛍光マーカーもあると便利です。

　なお、組み立て式の譜面台は、譜面を置く面が骨組みだけなので、厚紙や下敷きなどを敷いてから楽譜を置くと、書き込みやすくなります。

　楽器の練習では、ささいなことでも積み重なると大きなストレスになります。少しずつ改善して、常に気持ちよく楽器に集中できるような環境を整えましょう。

電気を使う大正琴は、音の仕組みと音づくりの理解が上達に直結！

現在主流になりつつあるのが、音量を自在にコントロールできるエレキ大正琴です。そのメリットを理解し、購入や演奏に役立てましょう。

CHECK 1 エレキ大正琴ってどんな楽器？

大正琴の中で主流になりつつあるのはエレキ大正琴です。エレキ大正琴は、電気の力を利用して音量を調節できる大正琴なので、電気大正琴とも言います。

エレキ大正琴がその力を発揮するのは、アンサンブルの際や、広い会場での演奏など、大きな音が必要とされる場です。アコースティックタイプは、家などで練習するぶんには問題ありませんが、どうしても音の大きさには限界があります。そのため、音量を自由にコントロールできるエレキ大正琴が活躍します。電気を通さなければアコースティックタイプと同じように使えますし、アンプなど音を増幅する機器と接続すればエレキ大正琴として本領を発揮します。

エレキ大正琴は、ピックアップという小さなマイクが本体に内蔵されています。このマイクが弦の振動を拾い、接続したケーブルを通して電気信号をアンプで増幅し、音を大きくする仕組みになっています。

「LINE OUT」というジャックにケーブルを接続する

接続ケーブルや電源ケーブルは購入時に付属されるので心配ありません。電源ケーブルではなく、9Vの角形乾電池をバッテリーとして使用できる機種では、電池の残量が少なくなったら、楽器店や電器店などで入手できます。

CHECK 2 エレキ大正琴の音を出すには重要な手順がある

エレキ大正琴を接続するアンプは、大正琴専用のものもありますが、必ずしも専用機である必要はありません。エレキギターやキーボードなどで使うアンプも代用できるほか、現在では手軽に持ち運べる小型のアンプも販売されています。

アンプから音を出す際、大切なポイント

小型のアンプは持ち運びに便利！

があります。手順を追って見てみましょう。

エレキ大正琴の音を出す手順

①楽器とアンプの音量が「0」になって
　いるか確認する。
②楽器とアンプをケーブルで接続する。
③楽器の電源を「ON」にする。
④アンプの電源を「ON」にする。
⑤楽器の音量ツマミを最大にする。
⑥アンプの音量ツマミを徐々に上げて
　適切な音量に調節する。

ポイントは、
　①必ずボリュームを「0」にしてからケーブルをつなぐこと。
　②アンプの電源は楽器の電源のあとに「ON」にすること。
　の2つです。
　電源を ON にした状態でケーブルをつないだり、アンプのボリュームが上がったまま楽器の電源を ON にしたりすると、「バチッ！」という大音量のノイズが出てしまいます。耳を痛めたり、アンプが壊れたりする危険性もあります。何より演奏を聴いてくださる方々へ不快な音を届けてしまうことになるので、十分注意してください。
　演奏が終わったら、楽器とアンプの音量を「0」に戻し、アンプ→楽器の順に電源オフにします。

CHECK 3 エレキ大正琴の将来性と新発想の弦楽器「ヴィオリラ」

　現行のエレキ大正琴は、音量だけでなく、柔らかい音や硬めの音といった音質も調整できる機種がほとんどです。また、チューナーを内蔵したモデルや、リヴァーブの含み具合を調整できる機種もあります。リヴァーブは、広いホールで演奏しているような残響を機械的につくり出す音響効果のことです。
　YAMAHA が開発した「ヴィオリラ」という楽器は、大正琴をルーツにしています。外観は大正琴にそっくりですが、細かい部分で異なります。
　ヴィオリラはエレキ大正琴の一種で、ピックアップが内蔵されています。また、ボディーには響き穴がなく、厚い一枚の板を使ったソリッドタイプになっています。大正琴が空洞のボディーをもったアコースティックギターなら、ヴィオリラはソリッドボディーのエレキギターといった具合です。
　また、大正琴の5・6弦のような共鳴弦はなく、1～4弦だけを張ります。弦の太さを変えることによって、音域を自由に変更できるのも大きな特徴です。
　ヴィオリラは、もはや大正琴というカテゴリーにとどまらず、さまざまな弦楽器の特徴を融合させた、未来型の弦楽器と言えるのかもしれません（☞ P.99）。

ヴィオリラは新しい発想の弦楽器！

コツ 8 楽器ごとに異なる弦の種類と、弦による音の違いを知ろう

大正琴は、基本的には弦をピックではじいて発音します。いい音を奏でるには弦についての知識も大切なので、紹介しておきましょう。

CHECK 1 大正琴には張る弦によって2種類ある

大正琴には、特殊なモデルを除いて、5本の弦を張る5弦琴と6本の弦を張る6弦琴の2種類があります。

そして、それぞれのタイプに張る弦は以下のようになっています。

左が5弦琴、右が6弦琴

5弦琴と6弦琴で使う弦の種類

●5弦琴
・1〜3弦：細線（ソプラノ弦）
・ 4 弦：細巻線（アルト弦）
・ 5 弦：太巻線
（テナー弦もしくはベース弦）

●6弦琴
・1〜3弦：細線（ソプラノ弦）
・4・5弦：細巻線（アルト弦）
・ 6 弦：太巻線
（テナー弦もしくはベース弦）

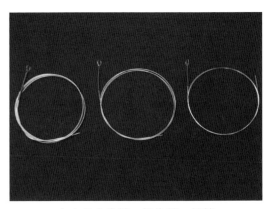

左より太巻線・細巻線・細線

大正琴の演奏は、5弦琴・6弦琴ともに、1〜4弦の4本の弦をピックで同時に弾くことが基本です。5弦琴の5弦や6弦琴の5・6弦は、1〜4弦を弾いたときに共振させ、音に膨らみを与えるための共鳴弦のため、基本的には弾きません。ただし、曲やアレンジによっては、この共鳴弦を指定された音に調弦して弾く場合もあります。

CHECK 2 ゲージとスケールと考慮して弦を選ぼう！

　弦の素材は、1～3弦はスチール製の鉄線、4～6弦はまろやかな音色を奏でるために銀メッキ線が使用されています。

　弦の太さのことをゲージといいます。市販されている弦には正確なゲージを表記していないものが多く、メーカーや型番によっても微妙に異なります。ゲージはわずか0.04mm違うだけで音色に違いが生まれます。一般的に、細いゲージは繊細でしっとりとした音、太いゲージは丸くて張りのある音が出せます。ゲージの選択は最終的に個人の好みになりますので、いろいろな弦で試してみるのもいいでしょう。

　また、忘れてならないのが、弦のスケール（長さ）です。スケールが長いほど音に張りと太さが出ますが、自分の楽器の長さに合った弦を選ばないと、弦の長さが足りず張り替えられないということもあります。弦を選ぶ際には、必ず使用している大正琴のスケールをチェックするようにしてください。

　ゲージが太くスケールが長い弦は、細くて短い弦に比べて、強めに弾かないときれいな音になりません。太い弦は張りが強く抵抗が大きいためです。弦のゲージやスケールは、音質だけではなく演奏方法にも影響を及ぼすので、考慮して選ぶようにしましょう。

基本編 大正琴の基本を確認して土台を確実なものにする

CHECK 3 しっかりしたメーカーの弦を選ぼう

　大正琴の弦は、各メーカーからさまざまな種類が発売されており、いずれも楽器店やネットショップで購入することができます。日本で入手できる弦のメーカーは主に以下の4つです。

主な弦のメーカー

・ヤマハ　　・ナルダン
・スズキ　　・ゼンオン

　弦は、必ずしも楽器と同じメーカーのものを選ばなくてもかまいません。ただ、上記のメーカーはいずれも楽器本体を製造しており、自社のモデルに合わせた弦を開発しています。ゲージやスケールに関して相性がいいということで、楽器と同メーカーの弦を選ぶ方が多いようです。

　価格的には、高額な弦ほど耐久性に優れており、音に張りがあって、チューニング（☞P.22）も安定します。メーカー名の記載がない激安の弦も販売されていますが、大抵は劣化しやすく、品質は価格にある程度比例すると言えます。左記4メーカーから販売されているものであれば間違いないので、1セット1,500円～2,000円くらいを目安に選ぶといいでしょう。

チューニングがずれていたら、どんな演奏も台なし！

楽器を正しい音の高さに合わせるチューニング。チューニングは、練習や本番の前に必ず行う"儀式"のようなものです。あなたは正しく行えていますか？

CHECK 1 楽器を弾ける状態にしたら、まずチューニングを！

音の高さのことをピッチといいます。大正琴に限らずすべての楽器は、演奏前に、まず音を正確なピッチに合わせます。このことをチューニングといいます。

チューニングは、チューナーという機械を使うと便利で正確に行えます。大正琴本体の素材は木材で、弦はスチールなので、温度や湿度、移動の際の振動などによってピッチが微妙に変化します。大正琴を弾く前には、必ずチューニングするように習慣づけましょう。また、弾いているうちに弦がゆるむ場合もあるので、演奏前だけでなく「なんとなくおかしいな」と感じたらその都度チューニングを確認するように心がけてください。

チューナーは、すぐに使えるように楽器のそばに置いておくといいでしょう。

CHECK 2 正しいチューニング方法を確認しよう

大正琴は、1弦から6弦のすべての弦をG音（ソの音）の高さにチューニングします。チューニングの際は、弦が巻かれた糸巻き棒に連動した糸巻きを回し、弦を締めたり緩めたりしてピッチを変えていきます。ピアノの鍵盤で音の高さを対応させると下図のようになります。

では、右の手順にしたがってチューニングしてみましょう。

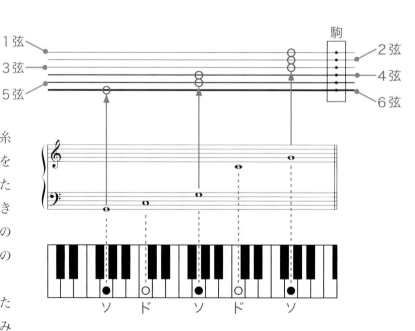

各弦の音の高さとピアノの鍵盤との関係

①チューナーを天板の上にセットして電源をオンにする。
②右手でピックを持ち、1弦を弾く。
③チューナーがG音を示すように糸巻きを回し、おおまかに合わせる。
④チューナーの針が真ん中を指し、♭と♯のランプが点灯するまで糸巻きを回しながら微調整する。
⑤1弦が合ったら、2・3弦も同様にチューニングする。
⑥1～3弦と同じ手順で、4弦を1オ

クターブ下のG音が表示され、針が中央を指すように合わせる。
⑦4弦までチューニングできたら、1～4弦を同時に弾き、澄んだ1つの音に聞こえるか確認する。
⑧同様の手順で、5弦を4弦と同じG音に、6弦をさらに1オクターブ下のG音にチューニングする。

※チューナーのメーカーや機種によって使い方や表示方法が異なる場合もありますので、使用説明書で確認してください。

CHECK 3 チューニングにはいくつかのコツがある！

　合わせようとする弦の音が高いときや、糸巻きを回し過ぎて高くなってしまったときは、正しい音よりもさらに低くしてから徐々に高くして合わせるのがポイントです。こうすることで、チューニングした後も音がずれにくくなります。常に低い状態から高くしながら合わせると覚えておくといいでしょう。

音の合わせ方のポイント

　チューニングの際は、弦を「ポ～ン、ポ～ン……」と何回も鳴らすのではなく、「ポ～ン」と1回だけ鳴らして音を伸ばし、チューナーの表示を見て糸巻きを回します。音が消えたら再び1回だけ弾き、同じように伸びた音の中で合わせます。弾いた瞬間は弦に圧力が加わりピッチが微妙に高くなるため、落ち着いたところで正確なチューニングをしましょう。

　また、チューニングしようとする弦以外は、共振で音が出ないように指で軽く触れておくといいでしょう。特に1～4弦は間隔が狭いので、合わせようとする弦以外の弦をはじかないように注意してください。

　チューナーの反応がない、あるいは鈍いときは、チューナーを置く位置を変えて反応しやすいポイントを探ったり、電源をいったんオフにしてから再度オンにしたりなどを試してみましょう。チューナーの電池残量が少ないと反応が悪くなるので、前回の電池交換から時間が経っている場合は、新しい電池に交換してください。

　1～6弦までを1回のチューニングでぴったりと合わせられることはまれです。よどみのないきれいな1つの音になるまで、チューニングを繰り返しましょう。

弦が切れても慌てない！ 弦の寿命と交換のコツを確認しよう

弦は切れたら張り替えるだけでなく、徐々に劣化していくため、定期的に張り替える必要があります。自分で交換できるよう、しっかりと確認しておきましょう。

CHECK 1 弦の寿命ってどれくらい？？

大正琴に限らずすべての弦楽器に共通することですが、弦は、弦自体の張力や気温・室温によって伸縮しています。また、演奏で付着した手の脂や汗、室内の湿気によってさびが生じる場合もあります。弦をはじく際の振動や、弦を押さえる圧力によってもわずかずつ伸びていくので、頻繁に演奏していれば、その分だけ弦の劣化は早まることになります。

弦が劣化してしまうと、音がくすんで楽器本来の響きが失われます。また、チューニングも不安定になってしまいます。

大正琴の弦は、普通に演奏する人は6ヵ月、頻繁に演奏する人は3ヵ月を目安に交換しましょう。また、演奏会や発表会などイベントの際は、本番の2〜3日前に交換し、練習した上で臨むようにします。張り替えたばかりの弦はチューニングが安定せず、楽器になじませる時間が必要だか

らです。

弦を張り替えると、音がつややかにきらめき、まるで楽器を買い換えたかのような驚きが感じられるものです。楽器に比べればそれほど高価なものではないので、消耗品と割り切り、常に数セットをストックしておきましょう。交換の目安の期間に満たなくても、音の響きが変わったりチューニングがすぐに崩れたりするようになったら交換することをお勧めします。交換した日を手帳などにメモしておくと、次に交換する時期が把握しやすいと思います。

なお、弦は6本（5弦琴の場合5本）セット以外に、バラ売りもされています。基本的にはセットを購入しておき、本番直前に単独の弦が切れるなど緊急用のために、個々のバラ弦も用意しておくと安心です。

CHECK 2 糸巻きの仕組みを理解しよう

弦と切り離せない関係にあるのが糸巻きです。ここで糸巻きについてもチェックしておきましょう。

糸巻きは、糸巻き穴が空いた糸巻き棒と一体になっています。この穴に弦の先端を

差し込み、棒に巻き付けて固定します。糸巻きを回すと、糸巻き棒が連動して回り、弦を巻き取ったり緩めたりできます。

糸巻きで弦を巻き取っていく際に便利な器具が弦巻器（ストリングワインダー）で

す。弦巻器は、糸巻きに装着してくるくる回すことで、手で回すよりも効率よく弦を巻き取ることができます。ギターで使うものが代用できますので、1つ持っておくと重宝します。

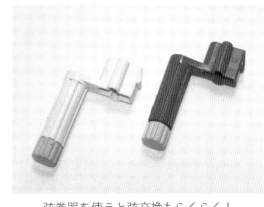

弦巻器を使うと弦交換もらくらく！

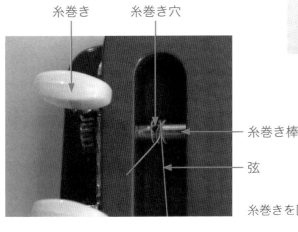

糸巻き　糸巻き穴

糸巻き棒

弦

糸巻きを回すと糸巻き棒が連動し弦を巻き取る

CHECK 3 1本ずつすべての弦を交換しよう

　大正琴は、キーに接続された金属のレバーですべての弦を同時に押さえます。仮にどれか1本の弦が切れたとしても、ほかの弦にも同様に負荷がかかっているので、同じように寿命が来ています。**弦を交換する際は、全部の弦を一緒に交換しましょう。**

　また、基本的なことですが、各弦はそれぞれ指定された糸巻きに巻き付けます。1弦は1弦用の糸巻き、2弦は2弦用の糸巻きというように、張る弦と糸巻きの関係を間違えないようにしてください。駒や枕の溝にも、それぞれの弦を確実に置くように気をつけましょう。

　弦の交換はどの弦から始めてもよいですが、**必ず1本ずつ交換するようにしてください。**最初にすべての弦をはずすと、駒が取れてしまいます。駒は胴と弦の間に接着されず置いてあるだけなので注意しま

しょう。また、全部の弦を交換してチューニングし終わるまでは、弦をきつく張りすぎないようにしてください。駒が動かない程度に緩めに張り、すべての弦を張り終わってから各弦を締めてチューニングしていきます。

　すべての弦を交換したら、弦を適切な状態まで伸ばすために、チューニングを何度も繰り返します。「チューニングして数回弾いてみて、またチューニングを確認しては弾いてみる」という作業を繰り返すうちに、弦が伸びてチューニングが安定し、楽器になじんでいきます。

　なお、5弦琴の5弦や6弦琴の5・6弦は、直接はじくことが少ないため、頻繁に交換する必要はないと思います。ただし、本番前など大切なイベントの際には、全部の弦を交換するといいでしょう。

演奏後のメンテナンスが よいコンディションをキープする

日々練習を積むうちに、楽器にも愛着が湧いてくるものです。自分だけの愛器を長く使えるように、常に楽器をいたわってあげましょう。

CHECK 1 楽器は簡単な手入れでいい音を奏でてくれる

楽器は、自分の気持ちを表現するための分身であるともに、音楽を奏でるための道具でもあるため、弾いているうちに少しずつ傷んだり消耗したりしていきます。大事な楽器を長く使うためにも、日頃からお手入れをして楽器をかわいがってあげましょう。

日頃の手入れと言っても、それほど難しいことではありません。基本的には、**練習が終わったら弦や本体に付着した汗や脂を布で拭き取ってあげるだけで OK です。**

布は、楽器用のクロスやガーゼなど、柔らかい素材の布が最適です。いつもきれいにしておくことで、普段と同じ状態を保てているか、不具合がないかなど、楽器のコンディションを見極めることもできます。

弓を使って演奏したあとは、もう一手間かけましょう（☞ P.97）。

弓を使う際、演奏前には弓毛に松ヤニを塗ります。松ヤニは、演奏しているうちに粉状になって楽器に付着し、そのまま放置しておくと、空気中のほこりやちりと一緒に固まってしまいます。松ヤニには粘着性があるため、こびりついた汚れはなかなか落ちません。演奏後は丁寧に拭き取るようにしてください。弓毛に残った松ヤニは拭き取る必要はありませんが、さおの部分は松ヤニや手の汗・脂が付着しているので、楽器と同様、丁寧に拭き取りましょう。

弓をケースにしまう際は忘れずに毛を緩めます。毛は湿度で伸び縮みするので、張ったままだと反りがなくなったり逆反りしたりして、弓を傷める原因になります。

なお、布は2種類用意して、松ヤニを拭き取る布と汗や脂をぬぐう布で分けた方がいいでしょう。いずれの布も定期的に洗濯して、清潔を保つようにしてください。

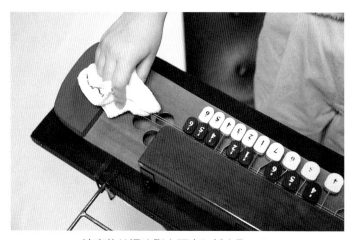

演奏後は汗や脂を丁寧に拭き取ろう

CHECK 2 楽器の天敵は温度や湿度の極端な変化！

大正琴のボディーは木材でできているため、温度や湿度の極端な変化に敏感です。また、弦はもとより、弦を押さえるレバーやネジ・バネ類は金属製ですので、湿気によってサビる場合があります。

特に日本の夏は高温多湿、冬は寒くて乾燥するという、楽器にとって厳しい環境です。

直射日光の当たる窓際や、ストーブの近く、エアコンの風が直接あたる場所などに置いておくと、楽器に悪影響が出やすいです。特に、真夏の車の中に楽器を放置するのは厳禁。夏の車内は70度近い高温になることがあり、たとえケースに入れていても壊れる可能性があります。

温度と同様、湿度にも注意が必要です。梅雨の時期に湿度の高いところへ楽器をおいておくと、カビやサビの原因になります。また、冬に乾燥しすぎると、木の部分に損傷を及ぼす可能性があります。

押し入れの中も湿気がこもるので、長期間にわたって保管しないようにしましょう。ケースの中に乾燥剤を入れておくと湿気から守ることができます。

人間にとって過酷な状態は楽器にとっても厳しい状態です。自分の健康を考えるのと同じように、普段から楽器をいたわってあげましょう。

CHECK 3 不具合を感じたらすぐに楽器店へ！

弦は、毎日のように定期的に弾くのであれば、演奏後にゆるめる必要はないと思います。しかし、弦にかかる負荷は80kg以上と言われるので、半年以上弾く予定がない場合は、少しだけゆるめて楽器の負担を減らしましょう。

楽器を飛行機で運搬する際や、車・電車での長距離移動の際は、振動に加えて、気圧や温度の変化など、楽器にストレスがかかります。糸巻きを少し緩めておくと安心です。

天板の中は大正琴にとって大事なパーツがいっぱい。細かい部品が損傷したり、天板の取り付け角度が変わったりすると音に大きな影響が出ます。天板の上に重いものを乗せたり、力をかけたりしないように気をつけてください。

エレキ大正琴やヴィオリラを長期間使わない際は、バッテリー用の乾電池から液漏れする場合があるので、取り出しておきましょう。

丁寧に扱っているつもりなのにいつもと何か音色が違う、弦を交換して何度もチューニングしているのにピッチが安定しない、キーが押さえにくくなった……などなど、楽器に違和感を覚えたら、迷わず楽器店に相談しましょう。楽器店では、症状をよく聞いた上で丁寧に対応してくれます。

弾きにくいのはピックのせい？自分にあったピックの見つけ方

コツ **12**

右手で使うピックは、弾きやすさに加えて音質や表現方法まで関わる重要なアイテムです。基本編の最後に、最適なピックを選ぶためのヒントを紹介しておきましょう。

CHECK 1 ピックは右手の動きがダイレクトに伝わる重要アイテム

大正琴は右手に持ったピックで弦をはじいて音を出すため、ピックのよしあしが音質や演奏に直接影響を与えます。ピックにはさまざまな形状・材質・厚さなどの要素があるので、その中から自分に合った使いやすいピックを選ぶことが大切です。

ピックの形状には、おにぎり型やティアドロップ型・ホームベース型などがあります。**大正琴で最もポピュラーなのはおにぎり型**で、繊細なメロディ弾きからアルペジ

オ、トレモロなど、どんなスタイルにも対応する万能タイプです。ティアドロップ型などに比べて面積があるため、持ったときに安定感があり弾きやすいのが、多くの奏者に好まれる理由でしょう。

素材としては、セルロイド・ナイロンなどが使われます。素材によって持ったときの感触が異なりますので、何種類か試してみることをお勧めします。

CHECK 2 ピックは厚さの見極めが最も大切だ

形状や素材以上に大切な要素が厚さです。**ピックの厚さは、弾き方や音色に大きく影響します。**

基本的にはMEDIUM（ミディアム）で演奏し、慣れてきたらいろんなタイプを試して、自分に合ったピックを選ぶことをお勧めします。また、いくつかの厚さのピックを用意しておいて、曲想や表現方法によって使い分けるのもいいでしょう。

なお、ピックは弾いていくうちに周辺部分がすり減っていきます。小さいのでなくし

てしまうこともよくあります。1枚100円ほどと安価ですから、弦と同じように消耗品と割り切って、数枚ストックしておきましょう。

ピックの厚さ

● THIN（シン）：約0.5mm

● MIDIUM（ミディアム）：約0.7〜0.9mm

● HARD（ハード）：1mm〜1.2mm

練習編

基礎のしっかりした練習で
上達していこう

コツ **13**

楽器の構え方が、大正琴で奏でる
すべての音に影響する

大正琴を演奏するための基礎知識を確認しましたので、いよいよ実践に進みましょう。まずは、楽器の構え方の復習からです。

CHECK 1 体のどこにも負担がかからない構え方が大切

楽器の演奏にはそれぞれ特有の構えがあり、大正琴も例外ではありません。**長時間演奏しても疲れず、体のどこにも力が入らないような構え方を身につけましょう。**

大正琴は、基本的には左手の指でキーを押さえ、右手で持ったピックで弦をはじいて音を出します。左右で異なる動きをするため、どちらの手や腕にも負担がかからないような姿勢を保つことが大切です。

演奏スタイルには、椅子に座って演奏する座奏(ざそう)と、演奏会などで立って演奏する立奏(りっそう)があります。家などで練習する際は、座奏で行う人が

多いと思います。一方、発表会やコンサートなどでは立って演奏することも多いので、立奏にも慣れておくといいでしょう。

通常の演奏は
座奏で OK

コンサートのために
立奏にも慣れておこう

CHECK 2 順を追って構え方を確認しよう

では、座奏の場合を例として、構え方を確認しましょう。

まず、専用スタンドの上に楽器を置きます。専用スタンドがない場合は、楽器より面積の広い、安定した机やテーブルの上に置きましょう。そして、**椅子を楽器に対して45度くらい傾けた状態にセッティング**します。

楽器と椅子は45度になるように

次に、椅子に浅く腰掛け、背筋を伸ばします。このとき、楽器が右手より右側に出ないように楽器の位置を調整してください。響き穴が体の中心にくるような位置が最適です。

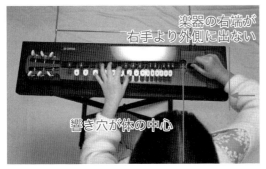
楽器の右端が右手より外側に出ない
響き穴が体の中心

響き穴の位置を目安にして楽器の位置を決める

糸掛板に右手首を置く

ピックや親指が弦と平行に当たるように

左手はキーに軽く置く

楽器の位置や角度が決まったら、ピックを持って右手首を糸掛板におき、ピックが弦に対して平行になるようにします。ピックの持ち方については32ページで詳しく触れますが、ピックを持たなくても、親指の腹が弦に対して平行な向きになるイメージをもつといいでしょう。

この状態で、左手の小指を1のキー、親指を5のキーの上に軽く置いてみましょう。他の指は力を抜いてキーに添え、手首を無理に曲げたりせず、ごく自然な状態にします。顔は、楽譜とキーが無理なく見られるように、やや下方に視線を落とすといいでしょう。

立奏のときも、考え方は基本的には座奏と同じです。椅子を楽器に対して傾けたように、体を楽器に対して45度ほど傾けて立ちます。スタンドは、背中が丸まらないように高さを調整します。ちょうどいい高さにならない場合は、スタンドと楽器の間に平らで安定した台や板などを挟んで調整するといいでしょう。

座奏・立奏いずれの場合でも、右肘が楽器より下に下がらないように注意してください。両手が楽器に自然に触れられるよう、両肩も脱力しましょう。

CHECK 3 意外と重要な椅子とスタンドの高さ

座奏の場合は、椅子の高さがポイントになります。

椅子が高すぎると足下が安定せず、低すぎると膝が立って体が丸まってしまいます。足の裏を床にぴったり着けて、膝が45度くらいに曲がる高さが一番安定します。自分の身長に合った椅子を使うか、高さを調整できるピアノ椅子などを用意するといいでしょう。

コツ 14 音の出発点である右手とピックの関係、きちんとできていますか？

右手で持つピックは音の出発点です。演奏中にピックがぐらついたり、逆に手首が硬くなったりしないよう、正しいピックの持ち方をチェックしましょう。

CHECK 1 ピックは親指と人さし指で軽く持つ

大正琴は、右手で持ったピックで弦をはじいて音を出します。ピックの持ち方があやふやだと、きれいな音が出ないだけでなく、演奏中に落としてしまうこともあります。ここでピックの持ち方をしっかり確認しておきましょう。

まず、右手の人さし指と親指で輪をつくるように丸め、人さし指の爪の横の部分が親指の腹に当たるようにします。親指と人さし指は90度くらいになります。

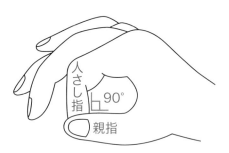

親指と人さし指は90度

この状態で、親指と人さし指の間にピックを軽く挟み、ピックの先端が1cmほど出るようにします。中指・薬指・小指は力

を抜いて軽く曲げておきましょう。

そして、親指の下の柔らかい部分を糸掛板に乗せ、右手全体を伏せたお椀のように、ふんわりと置きます。

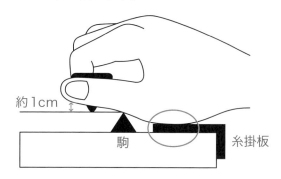

約1cm　　駒　　糸掛板

親指下の柔らかい部分を糸掛板に乗せる

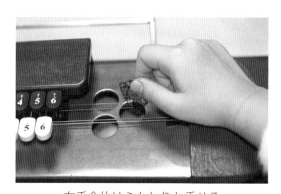

右手全体はふんわりと乗せる

CHECK 2 ピックが弦に当たる角度と力加減をチェック！

ピックは、手前側から見ると弦に対して垂直に当たるように、上から見ると弦と平行になるように当てます。また、ピックの

先端は響き穴の上を通るようにします。

ピックの握り方が弱いと、ぐらぐらしてパンチのない音になってしまいます。逆に

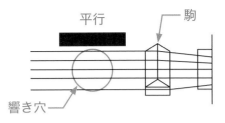

[手前から] / [上から]

ピック
弦
垂直
駒

平行
駒
響き穴

ピックの位置と角度を入念にチェック！

強く握りすぎると、手全体が硬直してしなやかな動きができません。お箸で食事をするときは、自由に動かせるよう、無意識のうちに適度な力加減でお箸を持っていますよね。ピックとお箸とでは持ち方が異なりますが、力加減のイメージとしてはよく似ています。

CHECK 3 ピックの軌跡を確認する

　この状態で4弦にピックを当て、1弦へ向かって、4本をほぼ同時に"ジャン"という感覚で一気に弾きます。左手は、まだどのキーも押さえなくてOKです。**指先でピックのみを動かすのではなく、糸掛板に置いた部分を支点にして、手首を使って軽く弧を描くように弾きぬきます。**

　動作を確認しながら、それぞれ4弦から1弦に向かって「ジャン、ジャン、ジャン、ジャン」とゆっくり弾いてみましょう。必ず「いち、に、さん、し、いち、に、さん、し」と、声に合わせて弾いてください。「いち、に、さん、し」を4回繰り返し、最後は、4弦から1弦に向かって「ジャラ〜ン」とゆっくり弾いてみましょう。これを数ターン繰り返します。

　ポイントは、腕全体を動かしたり指先のみを動かしたりするのではなく、糸掛板に当てた部分を支点にして手首を動かし、コンパスで軽く弧を描くように弾くことです。また、**振り幅を大きくし、できるだけ大きな音で弾くようにしてみてください。**

大きな音で弾く訓練をしておいた方が、のちのち音量のコントロールもしやすくなり、コシのある音色を奏でやすくなるからです。

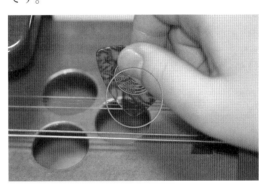

4弦にピックを当てる

1弦に向かって4本の弦を一気に弾きぬく

コツ 15　自由な左手の動きを支えるのは手のフォームとキーの押さえ方

大正琴では、左手はキーを押さえて音の高さを変える役割を担っています。きれいな音を出すための押さえ方、あなたはできていますか？

CHECK 1　左手はキーの中央にポジショニングする

　大正琴は、キーを左手の指で押さえてピッチを変えます。ピアノの鍵盤を押さえる動作と非常に似ていますね。ただしピアノと違って、大正琴はキーを確実に押さえないと雑音が出ることもあり、きれいな音になりません。キーを押さえる基本を確認しておきましょう。

　キーは、1つのキーに対して一本の指で押さえるのが原則です。キーの縁や端を押さえると力が分散し、確実に押さえられません。**中心のややくぼんだ部分を、指の腹で水平にしっかり押さえるようにします。**余計な力を抜いて、指が伸びたり反ったりしないよう、軽いアーチ状の形で押さえるようにしましょう。

指はアーチ状に

キーは中央のくぼみを押さえる

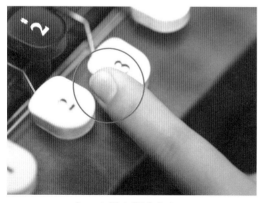

キーの縁を押さえない

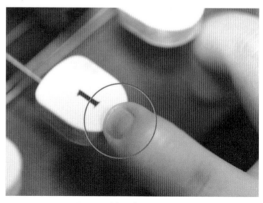

キーの端を押さえない

親指で押さえる場合は、爪の右側の厚みがキーに当たるようにします。

また、押さえるキーの指以外の指は、ピンと伸ばしたりせず、軽く曲げて常にキーのそばに置いておきましょう。

親指は爪の横で押さえる

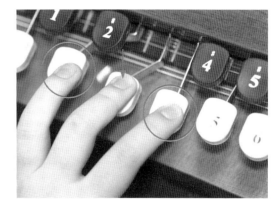
押さえない指もキーの上に乗せておく

CHECK 2 体重を乗せる感覚でキーを押さえる

キーは、軽く触れる程度の力ではしっかり押さえられません。逆に、力任せに押さえると指の動きが妨げられます。13ページで説明した音の高さを変える仕組みを思い出して、どの程度の力でキーを押さえると弦がしっかりとロックできるのか、自分の楽器で確かめてみましょう。

押さえる際は、手首や指に力を入れて押さえるのではなく、**指先に自分の体重を乗せるようなイメージで押さえると確実に押さえられ、ノイズのないきれいな音になります**。また、手首がキーより下がると、指が立って手全体が硬直してしまいます。指や手は常に軽いアーチ状を保つようにしましょう。

大正琴のキーは、ピアノと同じように右側にいくほど高い音になります。高音のキーは駒までの間隔が短く、弦のテンションがきつくなるため、左側や中央付近よりもしっかりと押さえる必要があります。押さえ方が弱いと、ピッチが不安定になったりノイズが出たりするので注意してください。

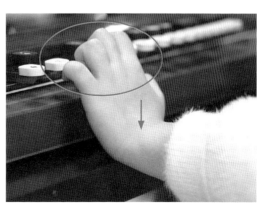
手首が下がると手全体が硬直してしまう

コツ
16

白いキーと黒いキーは なぜあるの？

大正琴のキーには白いキーと黒いキーがありますね。なぜ白と黒の2種類が必要なのか、考えたことはありますか？

CHECK 1　ピアノの鍵盤で音名を理解しよう

大正琴には、白いキーと黒いキーがあります。それらのキーには、1から7までの数字や「・」、そして「♯（シャープ）」という記号が刻印されています。この数字や「・」「♯」の意味を理解するために、まずピアノの鍵盤を見てみましょう。

ピアノの鍵盤を押さえると、右に行くほど高い音、左に行くほど低い音が出ます。それぞれの鍵盤は決まった音の高さが出

て、音の高さには音名という名前があります。音名は国によって呼び方が異なり、よく使われる「ドレミファソラシド」は、イタリア式の「Do Re Mi Fa Sol La Si Do」をカタカナ読みしたものです。ほかに代表的な音名として、英米式の「CDEFGABC」や日本式の「ハニホヘトイロハ」があります。

音名は、白い鍵盤（白鍵）と黒い鍵盤（黒

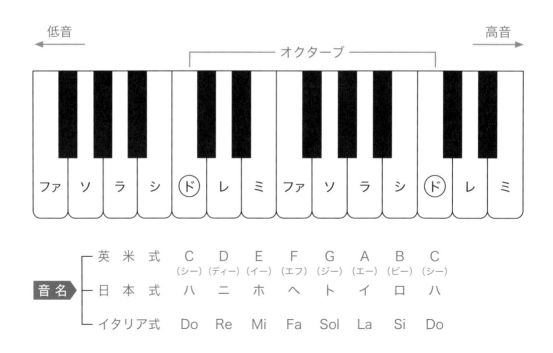

鍵盤と音名を理解しよう

鍵）の両方を含めて 12 個分離れるとまた同じ並びに戻ります。たとえば、「ド」からスタートして「白黒白黒白白黒白黒白黒白」と押さえていくと、12 番目でまた「ド」に戻りますね。この、**鍵盤 12 個分離れた同じ音名のことをオクターブといいます。**

CHECK 2　白鍵と黒鍵はなぜ必要なの？

　ある 2 つの音の高さの差のことを音程といいます。音の高さのことは「ピッチ」といいましたが（☞ P.22）、音程は 2 つの音の"高さの差"のことなので、混同しないように注意してください。

　また、鍵盤上で、白鍵・黒鍵にかかわらず、ある音とそのすぐ隣にある音との関係を半音、1 つ飛ばした音との関係を全音といいます。

　ピアノの鍵盤は、「ド」からスタートしてオクターブ上の「ド」までを、白鍵だけを見ると、全音と半音が「全全半全全全半」という順番に並んでいます。「ミとファ」「シ

とド」の間は、黒鍵のない白鍵だけで半音になっていますね。一方、「ドとレ」「レとミ」「ファとソ」「ソとラ」「ラとシ」は全音なので、間に半音をつくるために黒鍵を配置する必要があるのです。

　大正琴のキーも、ピアノの鍵盤とまったく同じように並べられています。そして、キーを押さえたときに正確なピッチを出せるよう、フレットの位置が調整され、半音ごとにボディーに埋め込まれています。フレット 1 つ分が半音、フレット 2 つ分が全音になります。

練習編

基礎のしっかりした練習で上達していこう

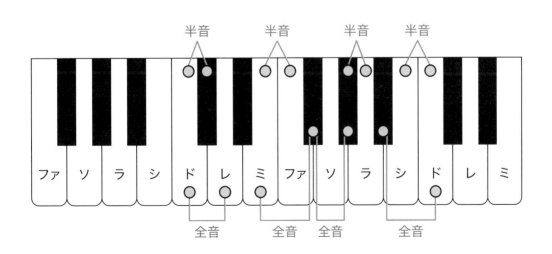

半音と全音の関係を見てみよう

数字譜を五線譜でイメージできると メロディーの抑揚が理解しやすくなる

コツ **17**

大正琴の演奏では、一般的な楽譜として広まっている五線譜ではなく数字譜を使います。数字譜は楽譜になじみのない方でもすぐに理解できる構造になっています。

CHECK **1** 数字譜と五線譜の関係を把握しよう

音楽を演奏するための指標になるのが楽譜です。楽譜には、ピアノやオーケストラ楽器など音楽全般で使う五線譜、ギターやベースなどフレットのある楽器を演奏する際にポジションをわかりやすいように表す

TAB（タブ）譜、尺八や箏などの和楽器の世界で古くから用いられてきた縦譜などがあります。

五線譜では、音の高さを五本の線上や線と線の間に書かれた音符の位置で表しま

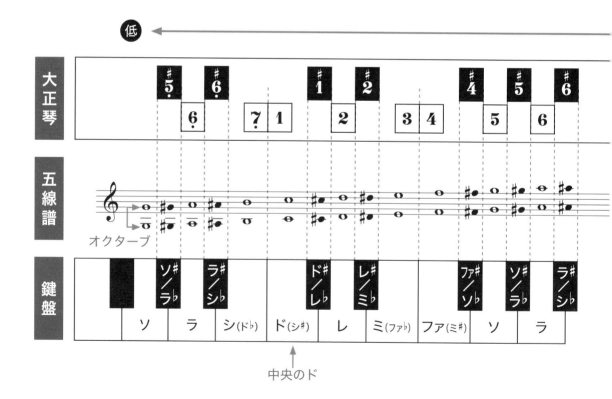

数字譜・五線譜・鍵盤の関係を理解しよう

す。一方、大正琴では、音の高さを数字で表した数字譜を使います。数字譜はハーモニカなどでも用いられ、五線譜が読めなくても演奏できるように工夫されています。

ただ、数字譜のみだと、五線譜に慣れた方は音をイメージとして捉えにくいというデメリットもあるため、本書では五線譜と数字譜を併記することにします。

大正琴のキーと、五線譜の音の高さ、ピアノの鍵盤を対応させると下図のようになります。上段が大正琴のキー番号、中段が五線譜の音の高さ、下段がピアノの鍵盤です。

大正琴は、キーに刻印されている数字が音の高さを表します。たとえば、「1」は「ド」、「2」は「レ」という具合です。数字が増えていくと音が高くなり、数字が減っていくと音も低くなります。「ド」からスタートし「ドレミファソラシド」と「ド」の音名に戻るのと同じように、数字譜では「1」からスタートし「12345671」というように「1」に戻ります。

また、中央の「ド（1）」のオクターブ上の「ド」以上の音は、数字譜では数字の上に「・」を付けて、「1・2・3・4……」と表します。

逆に、中央の「ド（1）」より低い音は、数字の下に「・」を付けて「7・6・5……」のように表します。

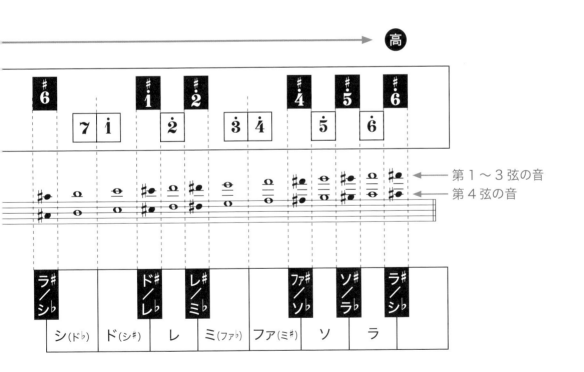

第1〜3弦の音
第4弦の音

数字譜では「♭」は使わない？！

元の音より半音高い音は、元の音に「♯（シャープ）」をつけて表します。たとえば、「ド」のすぐ右にある黒鍵は「ド♯」です。逆に、元の音より半音低い音は♭（フラット）をつけて表し、たとえば「レ」のすぐ左にある黒鍵は「レ♭」です。同じ黒鍵なのに、元にする音が変わると「ド♯」になったり「レ♭」になったりと、音名が変化します。このことを「異名同音」といいます。

ピアノの白鍵は大正琴の白いキー、黒鍵は黒いキーに相当します。黒いキーは、そのすぐ左にある白いキーより半音高い音なので、数字の上に「♯」を付けて「♯1」のように表します。オクターブ上の「1」より高い音は上に「・」と「♯」が、「1」より低い音は、下に「・」と上に「♯」が付きます。

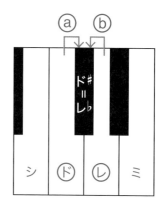

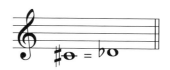

ⓐ「ド」から見ると「ド♯」

ⓑ「レ」から見ると「レ♭」

異名同音の関係

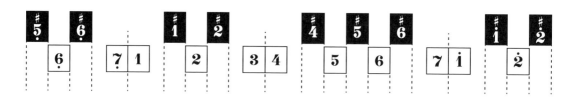

数字譜での♯の表し方

さて、先ほど触れたように、「ド♯」と「レ♭」は同じ鍵盤でした。音楽に触れたことのない方は「同じ音なのにどうして言い方が違うの？」と、混乱してしまうかもしれません。そこで大正琴は、この煩雑さを解消するため、♭の記号は使わずすべて♯で表記します。たとえば、「ソ→ソ♭」のように半音下がる動きがある場合でも、「5→5♭」ではなく、「5→4♯」と表します。

五線譜に親しんでいる方は少し戸惑うかもしれませんが、慣れてしまえば問題ありません。

CHECK 3 大正琴の五線譜は第4弦の音で表す

さて、38ページの図で、中段の五線譜を見てみましょう。オクターブ違いの音符が縦に並んでいますね。

大正琴の1〜3弦は同じ音の高さで、4弦はそのオクターブ下の音が出ます。大正琴はこの1〜4弦を一気に弾くのが原則で、オクターブの音を同時に響かせることで、音自体に深みや広がりを持たせる構造になっています。

ところが、曲を五線譜で表す際、常にこのオクターブの音を表記したり、4つの弦すべての音を楽譜に書き表したりすると、ごちゃごちゃして大変読みづらくなってしまいます。そのため、**数字譜に併記する五線譜では、第4弦の音のみを記すのが慣例**となっています。

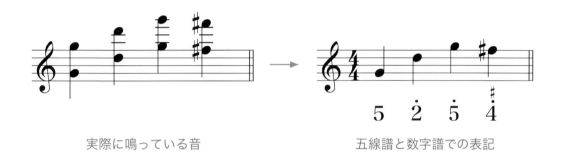

実際に鳴っている音　　　　　　　　　　五線譜と数字譜での表記

数字譜に併記する五線譜は第4弦の音だけを表記する

CHECK 4 将来的には五線譜で演奏できるようにしよう

大正琴で使う数字譜は、初心者の方でもわかりやすいように工夫され、音名を数字で表しています。一方、五線譜は、音の高低が一目見ただけでわかるため、曲の流れが自然とイメージできるようなつくりになっています。

初めて大正琴にチャレンジする方や、五線譜が全く読めない方は、数字譜を導入してもいいと思います。しかし、数字譜だけに頼ってしまうと、音を番号として認識するため、曲の流れとして理解することが難しくなってしまいます。音楽には、その曲がもつリズムや雰囲気、音階といった要素が盛り込まれています。これら大切な情報がすべて数字で置き換えられてしまうと、音楽を音楽として感じられなくなってしまうおそれもあります。五線譜を敬遠するのではなく、積極的に理解し、慣れるようにしましょう。

最初のうちは五線譜に数字や記号を鉛筆で書き込んでもいいでしょう。ただ、演奏できるようになったら、書き込んだ数字を消して、五線譜だけで演奏する訓練が効果的です。五線譜が読めると、楽器の上達も早いのでお勧めです。

徐々に五線譜にも慣れていき、最終的には五線譜だけでも演奏できるようにしましょう。

41

あやふやな数字譜のリズム表記はここでさよならしよう！

五線譜では、音の長さは音符や休符で表します。一方、数字譜では、音符や休符の代わりに記号を使って音の長さを表します。ここで、その仕組みをおさらいしておきましょう。

CHECK 1 まず五線譜で音の長さを理解しておこう

　曲の速さのことをテンポといいます。そして、曲それぞれのテンポの中で、音を出す部分と出さない部分を組み合わせると、さまざまなリズムが生まれます。このリズムを、五線譜では、音を出す部分の長さは音符で、音を出さない部分の長さは休符で表します。

　五線譜の音符は、下のようにタマ・ボウ・ハタ・付点から構成され、音符の長さはタ

マの形とハタや付点の数によって決められます。そして音の高さは、五本の平行線の線上や間に置いたタマの位置で表します。

　ハタや付点が付かず、タマからボウが伸びただけの音符を4分音符といいます。4分音符は、基準となる「1」という長さを示し、その半分の長さ（1/2）は、ボウにハタがひとつ付いた8分音符で表します。

音符各部の名称

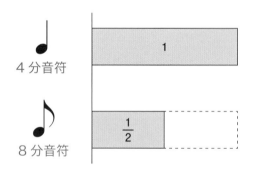

4分音符と8分音符の長さ

　そのほかの音符の長さも、タマの形やハタの数によって決められています。

　ハタがひとつなら8分音符、ハタがふたつなら1/4の長さの16分音符、というわけです。逆に、「1」より長い音符は、タマを白抜きにした白丸で表します。「1」の2倍の長さは2分音符といって、白抜きのタマからボウが伸びています。「1」の4倍

の長さは全休符といって、ボウは付かず白抜きのタマのみで表します。

　休符についても音符と同じ考え方で、「1」の長さが4分休符、「1/2」の長さが8分休符、「2」の長さが2分休符、というように呼び、それぞれ特有の形で表します。これらを右の表でまとめておきましょう。

音符		休符		長さ（4分音符・4分休符を1とした場合）			
全音符	o	全休符	▬	4			
2分音符	♩	2分休符	▬	2			
4分音符	♩	4分休符	𝄽	1			
8分音符	♪	8分休符	𝄾	$\frac{1}{2}$			
16分音符	♬	16分休符	𝄿	$\frac{1}{4}$			

音符と休符の長さ

練習編

基礎のしっかりした練習で上達していこう

CHECK 2 数字譜での音の長さは「－」で表す

大正琴で使う数字譜も、音の長さについての考え方は音符や休符と同様です。しかし、数字譜では音の高さを数字で表すので、五線譜のように形で表すことができません。そのため、**数字の右横や下に線（－）を加えて音の長さを表します。**

休符については、「ここは音を出さない部分ですよ」ということを数字の「0」を使い、その長さは右横や下に線（－）を加えて表します。

下の図で、数字譜を五線譜に対応させて音の長さを理解してください。数字譜の音符では、音階キーの「5（ソ）」の音を例にします。

音符			休符			長さ（4分音符・4分休符を1とした場合）		
音符名	五線譜	数字譜	休符名	五線譜	数字譜			
全音符	o	5 - - -	全休符	▬	0 - - -	4		
2分音符	♩	5 -	2分休符	▬	0 -	2		
4分音符	♩	5	4分休符	𝄽	0	1		
8分音符	♪	5̲	8分休符	𝄾	0̲	$\frac{1}{2}$		
16分音符	♬	5̳	16分休符	𝄿	0̳	$\frac{1}{4}$		

五線譜と数字譜での音符と休符の長さ

付点音符や付点休符は数字の横に「・」を付けて表す

　ここまでの音符や休符だけでは表しきれない長さ、たとえば全音符と２分音符の間の「3」という長さや、２分休符と４分休符の間の「1.5」という長さは、音符のタマや休符の右に「・（付点）」を付けて表します。これを付点音符・付点休符といいます。付点音符・付点休符は、付点が付かない元々の音符・休符に、その半分の長さを追加した長さになります。たとえば、付点４分音符は「４分音符＋８分音符」の長さ（1½＝1.5の長さ）になります。

音　符	記譜	長さ	音　符	記譜	長さ
付点２分音符	♩.	♩ ＋ ♩	付点２分休符	▬·	▬ ＋ 𝄾
付点４分音符	♩.	♩ ＋ ♪	付点４分休符	𝄽	𝄽 ＋ 𝄾
付点８分音符	♪.	♪ ＋ ♬	付点８分休符	𝄾·	𝄾 ＋ 𝄾

付点音符と付点休符の長さ

　数字譜での付点音符・付点休符は、４分音符より長い場合は「—」を付け、４分音符より短い場合は数字の右横に「・」を付けて表します。休符も同様に、「0」の右横に「—」「・」を付けて表します。

付点音符			付点休符			長さ
音符名	五線譜	数字譜	休符名	五線譜	数字譜	
付点２分音符	♩.	5 - -	付点２分休符	▬·	0 - -	♩ ＋ ♩
付点４分音符	♩.	5.	付点４分休符	𝄽	0.	♩ ＋ ♪
付点８分音符	♪.	5̲.	付点８分休符	𝄾·	0̲.	♪ ＋ ♬

数字譜での付点音符と付点休符

　ここでひとつ注意することがあります。「1（ド）」のオクターブ以上の高い音や「1（ド）」より低い音は、数字の上や下に「・」を付けて、「1̇」「7̣」のように表しましたね。しかし同じ「・」でも、数字の横に付くと付点音符・付点休符を表します。混同しやすいので気をつけましょう。

　なお、大正琴は流派によって記譜法が微妙に異なる場合があります。たとえば、付点音符を表す数字の右の「・」は短い線「-」で表すこともありますが、本書では「・」で統一しています。

CHECK 4 8分音符や16分音符は線をつないで見やすくする

　五線譜では、8分音符・16分音符が連続するリズムや、付点8分音符＋16分音符のリズムなどは、見やすいようにハタを横につないで表記するのが一般的です。数字譜でも同様に、下に付けた線をつないで表記します。

五線譜ではハタ、数字譜では線をつないで表記する

CHECK 5 1を3で割る音符？！

　8分音符は4分音符の半分の長さでしたね。言い換えると、「1（4分音符）」を2等分して「1/2」にしたものが8分音符です。音符には、このようにきっちり割り切れる長さ以外に、1を3等分する音符もあり、これを「3連符」といいます。

　3連符のそれぞれの音符は「0.333……」の長さになり、きっちり等分できるわけではありませんが、「おおむね1/3の長さで演奏する」と考えます。3連符は、数字の上を「┌─3─┐」という記号で囲んで表します。

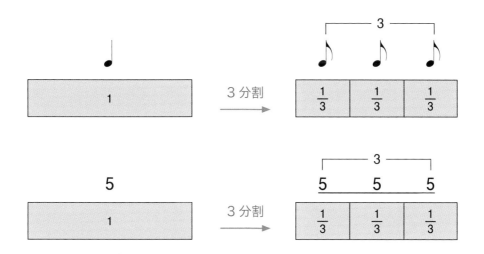

3連符の長さ

45

コツ 19 拍と拍子の違いがわかると 曲の雰囲気が見えてくる

音楽では4拍子や3拍子という言葉をよく使います。この「拍子」、皆さんは正確に理解しているでしょうか？

CHECK 1 小節ってどういう意味か説明できる？

メトロノームや秒針のように、ある一定のテンポの中で規則正しく繰り返される刻みの1つ1つを「拍」といいます。拍には、数拍ごとに強い部分（強拍）と弱い部分（弱拍）があって、この強弱の組み合わせで一定の心地いいまとまりができます。このまとまりが「拍子」で、一般的に「4拍子」「3拍子」などといいます。

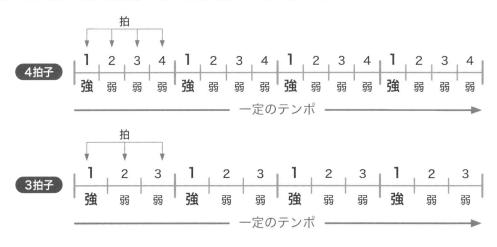

拍と拍子

また、拍子ごとに分けたまとまりを小節といい、小節線という縦線で表します。「基準となる拍の音符が1小節内に何個分入っているのか」ということを表すのが拍子記号です。たとえば4/ 4拍子なら、拍の1つ1つが4分音符で、4分音符4個分が1小節となります。また、6/8拍子は、8分音符が1小節に6個分入っているということになります。

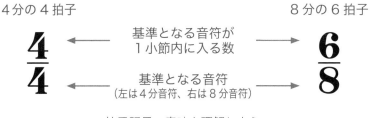

拍子記号の意味を理解しよう

46

拍子記号は、曲の冒頭や拍子を変更する箇所には必ず書かれます。また、4/4拍子は「C」という記号でも表記されます。

なお、小節を分割する線には以下のように3種類あります。

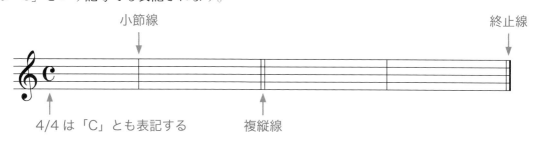

小節線：小節を分割するための線
複縦線：曲想・テンポ・拍子などが変化する節目をわかりやすく示すための二重線
終止線：曲の終わりを表す線で、小節線の右側に太い小節線を加えて示す

小節線の種類

全音符や全休符は「4拍の長さの音符や休符」という意味ですが（☞P.43）、「その小節内全部を伸ばす音符や休符」という意味でも使われます。たとえば6/4の曲で、

1小節内を全く音を出さない場合、本来は「全休符＋2分休符」の2つの休符を示すべきですが、実際は全休符1個だけで表します。

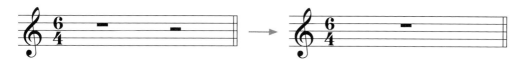

全音符や全休符は「小節内全部」という意味もある

拍と拍子の違いが理解できると、小節の意味がわかり、メロディーの流れも見えてきます。たとえば、4拍子と3拍子とでは、

曲のノリや強く弾くべき部分が異なるということも自然と感じられ、より豊かな表現ができるようになります。

CHECK 2 タイのついた音符は、弾かずにのばしておく

同じ高さの音を、拍や小節をまたいだ状態で伸ばすときは、音符同士をタイという曲線でつなぎます。演奏する際は、タイで

つながれた音は弾き直さず、音符の長さ分だけ音を伸ばします。

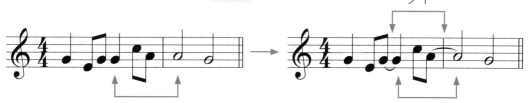

前の音符と同じ高さの音を弾く　　前の音符と同じ高さの音を弾き直さずに伸ばす

タイでつながれた音は伸ばしておく

練習編

基礎のしっかりした練習で上達していこう

ドからソの5音でもメロディーの表現力は鍛えられる

数字譜の読み方や基本的な記号の意味をおさらいしたら、実際に弾いてみます。
まず、1から5のキーを順番に弾き、数字譜に慣れましょう。

CHECK 1 たった五つの音でも曲は弾ける

大正琴は、左手の指を全部使い、キーを押さえて演奏します。

まず、手の位置を変えずに弾ける「ドレミファソ」の5つの音（数字譜では1〜5のキー）を押さえ、右手で弦をはじいて音を鳴らしてみましょう。左手の指でキーを押さえるとほぼ同時に、ピックで弦をはじきます。

キーを押さえる際は、できるだけ中心のくぼみの部分にそれぞれの指の腹がくるようにします。押さえていない指は、ほかのキーに軽く乗せ、待機させておきましょう。

たとえば、1（ド）を小指で押さえる際も、薬指を2、中指を3、人差し指を4、親指を5に軽く乗せておきます。キーから完全に離れると次の動きが遅れてしまうためです。

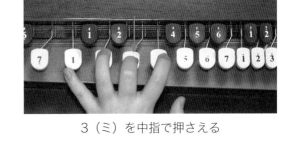

3（ミ）を中指で押さえる

1（ド）を小指で押さえる

4（ファ）を人さし指で押さえる

2（レ）を薬指で押さえる

5（ソ）を親指で押さえる

ポイントは左手と右手のタイミング

キーをどの指で押さえればよいのかという指遣いをわかりやすく示すために、数字譜では各指を「一・二・三・四・五」の漢数字を使って表します。

1〜5を使った数字譜で、指番号も確認しながら弾いてみましょう。「1、2、3、4」と4分音符で演奏し、「5」は4拍伸ばします。続いて、「5、4、3、2」を4分音符で弾き、最後の「1」は4拍伸ばします。

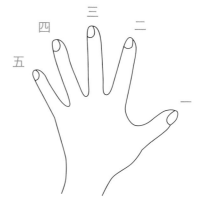

数字譜では左手の指番号は漢数字で表す

数字譜を見ながら「1〜5」を弾いてみよう

先ほど、「キーを押さえるとほぼ同時にピックで弦をはじきます」と説明しましたが、厳密には全く同じタイミングではありません。動きを細かく見ると「キーを押さえてレバーが着地し、弦がフレットによってロックされた直後にピックではじく」という流れになります。このタイミングがずれると、ノイズが出て美しい音になりません。また、キーを押さえるより早くピックで弦をはじくと、本来出したかった音とは異なる音が鳴ってしまいます。

タイミングをうまくつかめない場合は、ゆっくりとした動きで流れを確認することが大切です。指に腕の重さを乗せるよう、確実にキーを押さえます。そして、弦がロックされたのを確認してピッキングします。この動作を少しずつ早めていきましょう。

左手と右手のタイミング

①キーを押す
②レバーが着地して弦がロックされる
③ピックではじく

コツ 21 細かな演奏を可能にするのは、向こう弾きと手前弾きの組み合わせ

大正琴の基本的な弾き方である、「向こう弾き」と「手前弾き」。この2つの弾き方をなめらかに使い分け、美しいメロディーを弾けるようになりましょう。

CHECK 1 演奏の基本となる向こう弾きをおさらい

4弦から1弦に向かって、手前から向こう側へ弾くことを「向こう弾き」といいます。4弦と5弦との間にピックを置き、1弦へ向かって"ジャン"と、ほぼ同時に弾きます。手首を支点にして、軽く弧を描くように一気に弾き抜きましょう。数字譜では、必要に応じて「⊓」という記号で向こう弾きを表します。

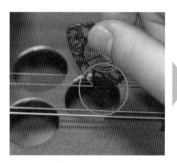

4弦と5弦の間に
ピックを置いて…

向こう側へ
一気に弾き抜く

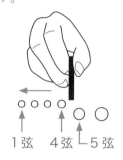

1弦　4弦└5弦

5・6弦に触れないように
注意しよう！

では、向こう弾きだけで「ぶんぶんぶん」を弾いてみましょう。8分音符の部分でハシらない（速くならない）ように気を付けてください。

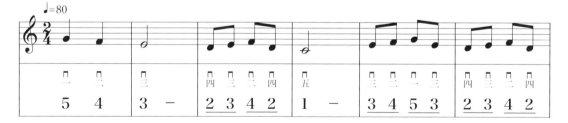

向こう弾きだけで「ぶんぶんぶん」を弾こう

手前弾きは、向こう弾きとは反対に、1弦から4弦へ（向こう前から手前側へ）弾く動きです。向こう弾きのピックの軌跡を逆に戻ってくる感じで、1〜4弦をほぼ同時に弾きます。数字譜では、「V」とい

う記号で手前弾きを表します。

大正琴は、この「向こう弾き」と「手前弾き」の2つの弾き方を組み合わせて曲を奏でていきます。

1弦の向こう側に
ピックを置いて…

4弦へ
一気に戻るように弾く

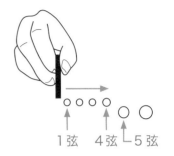

1弦　4弦　5弦

手前に戻ったときに5弦に
触れないように注意！

手前弾きは向こう弾きよりも少し難しく感じるかもしれません。力任せに弾くと、ピックが弦に引っかかってきれいな音にな

りません。手首を支点に弧を描くように動かし、向こう弾きで弾いた軌跡をたどるようにしましょう。

CHECK **3** みんなが知ってる曲を5つの音で演奏しよう

では、向こう弾きだけで演奏した「ぶんぶんぶん」に、手前弾きも組み合わせて弾いてみましょう。その際、歌詞でも数字で

もいいので、一緒に歌ってみましょう。音を口ずさむことで、音感やリズム感が自然と養なわれていきます。

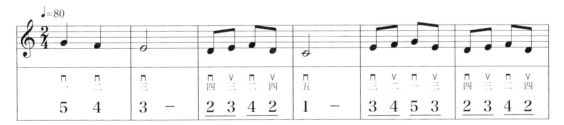

2つの弾き方で演奏しよう！

コツ 22 弦楽器である大正琴も"開放弦"の弾き方が豊かな表現の第一歩

キーをどこも押さえない状態で弾くのが開放弦弾きです。左手を意識する必要がないので簡単と思われがちですが、思わぬ落とし穴がありますよ。

CHECK 1 開放弦弾きは簡単だからこそ注意が必要？！

　楽器を正しくチューニングした状態で、どのキーも押さえずに1〜4弦を弾くと「ソ」の音が出ます。これを開放弦弾きといいます。数字譜ではこの「ソ」の音を「5̣」で表しますが、もちろん該当するキーはありません。また、キーを押さえる指番号は「○」で開放弦であることを示します。

　では、開放弦を交えて、「5̣」から「1」の音階を弾いてみましょう。キーを押すタイミングと弾くタイミングに気を付けながら弾いてください。

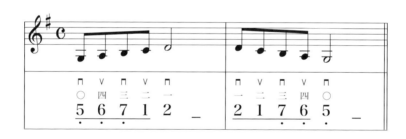

開放弦を使った音階

　「タイミングに気を付けて」と言いましたが、「6〜2」の音は、すべてキーを押して弾くことになるので、左手と右手の両方に意識が向きます。しかし、「5̣」の開放弦だけは、左手を押さえずにすむため、意識が右手だけにいきがちです。

　これが意外な落とし穴。「5̣」は、何も考えずに弾けるので雑な動きになりがちなのです。特に曲の最後に開放弦が出てくる場合、本来はしっとりと締めくくりたい場面でも、多くの人がここぞとばかりに「ジャ

ラーーン！」と大きな音で弾きがちです。これではどんなによい演奏でも最後で台無し。弾いた本人は満足かもしれませんが、聞いている人は曲の余韻を楽しむこともできません。

　また、開放弦は楽器の出せる一番低い音で、ほかの音よりもよく響き、同じ強さで弾いても大きく感じます。

　開放弦も、キーを押さえて弾くときと同じように、丁寧に弾くようにしましょう。

大正琴は、基本的には1〜4弦のみを弾き、5弦と6弦は弾きません。5・6弦は響き線といって、音に深みを与えるために張られています。

しかし、曲によっては5・6弦も一緒に弾いて変化を出したり、彩りを添えたりする場合があります。また、曲の最後で全部の弦を鳴らして曲を締めくくるアレンジもあります。

このように、6弦から1弦までを一気に弾く奏法を「全弦弾き」といいます。数字譜では上向きの矢印付きの波線で表します。

弾き方としては向こう弾きと同じような動きで、4弦からではなく、6弦から1弦に向かって「ジャラ〜ン」と弾き抜きます。曲によっては、ややゆっくりと「ジャラ〜〜〜ン」と優しく弾くこともあり、弾く速さや大きさによっていろんなニュアンスを表現することができます。

それでは、数字譜を見ながら「さくらさくら」の終わりの部分を弾いて、全弦弾きで締めてみましょう。

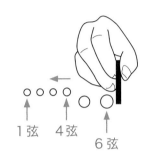

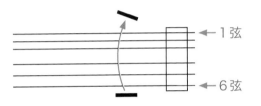

全弦弾きは6弦〜1弦をたっぷりと弾こう

練習編 基礎のしっかりした練習で上達していこう

「さくらさくら」を全弦弾きでしっとりと締めくくろう

5弦と6弦はレバーで押さえられないため、常に「ソ」の音が出ます。曲によっては、この「ソ」が出ることで響きがにごってしまうこともあります。全弦弾きは譜面で指示している箇所以外では行いませんので、注意してください。

伸びやかなメロディーに欠かせない指越えと指くぐり

雑音のないなめらかなメロディーを弾くために、大正琴の特性を踏まえ、「指越え」と「指くぐり」という2つの指の動きをマスターしましょう。

CHECK 1 キーは押さえたまま次のキーを押さえる

大正琴のキーはピアノの鍵盤とそっくりに並んでいます。しかし、ピアノの鍵盤を押して出る音と、大正琴のキーを押して出す音とは、決定的に異なる特性があります。

ピアノは、複数の鍵盤を押すと、それぞれの鍵盤の音が出ます。しかし、**大正琴は複数のキーを押してピックで弾いても、必ず一番高い音しか出ません。**

たとえば、「5」を押さえたまま「3」を押さえて弾いても、「3」の音は鳴らずに「5」の音が鳴ります。キーのレバーが「5」の音を固定していて、「3」のレバーで弦を押さえても無効になってしまうのです。

また、ピアノは、鍵盤を離しても出した音の余韻が残りますが、大正琴は、キーを離すと音が途切れたり開放弦の音が出たりします。キーの離し方によっては、不必要なノイズも出てしまいます。

メロディーを途切れず、なめらかに演奏するためには、**今押さえているキーを押したまま次の音のキーを押さえるのがコツ**です。

音程を変えるとき、キーは離さないこと！

✗ キーを押す→弾く→キーを離す→次のキーを押す→弾く

○ キーを押す→弾く→キーは押さえたまま→次のキーを押す→弾く

ただし、「3→5」を「中指→親指」という指遣いで弾いたあとに「6」の音を出す場合、そのままではうまくいきません。直前に弾いたキーは離さずに次のキーを押さえるのですが、「6」の音は親指をキーか ら離さざるをえないからです。このような場合、指遣いを工夫して音をなめらかにつなぐ必要があります。そのためのテクニックが「指越え」と「指くぐり」です。

高い音へ上がっていくメロディーを「上行形（じょうこうけい）」のメロディーといいます。上行形のときに、スムーズに音をつなぐために、人さし指・中指・薬指のいずれかの指が親指の上をまたいで目的のキーを押す奏法を「指越え」といいます。

「5→6」のキーで指越えしてみましょう。親指（一）で「5」の音を出したのち、親指の上を人さし指（二）が越えて、右隣のキー「6」を押します。

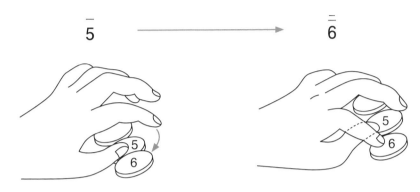

$\overline{5}$ → $\overline{\overline{6}}$

人さし指が親指の上を越える指越え

中指や薬指で指越えするときも、同様に親指の上をまたぎます。

親指で「5」の音を出したあと…

指越えして中指で「6」を押さえる

では、「キラキラ星」を例題に指越えしてみましょう。指越えは、数字譜では右上向きの矢印で「⌒」のように表します。

「5→6」の部分で指越えします。しかし、すぐそのあとでまた「6→5」と「5」に戻りますね。このような場合は、指越えした人さし指で「6」の音を弾いている間も、「5」を押さえていた親指は離さず、キーを押さえたままにしておきます。

練習編

基礎のしっかりした練習で上達していこう

55

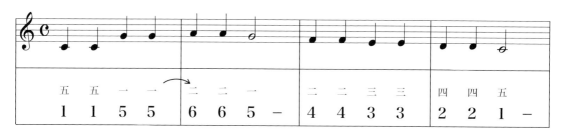

五	五	一	一 →	二	二	一		二	二	三	三	四	四	五	
1	1	5	5	6	6	5	–	4	4	3	3	2	2	1	–

一	一	二	二	三	三	四		一	一	二	二	三	三	四	
5	5	4	4	3	3	2	–	5	5	4	4	3	3	2	–

五	五	一	一 →	二	二	一		二	二	三	三	四	四	五	
1	1	5	5	6	6	5	–	4	4	3	3	2	2	1	–

「キラキラ星」で指越えを実践しよう

CHECK 3 メロディーが下行するときは指くぐりのワザを使う

上行形とは反対に、メロディーが低い音へ進むことを「下行形」といいます。メロディーが下行する場合、親指が他の指の下をくぐって、目的のキーを押す奏法が「指くぐり」です。指くぐりは、指越えの逆の動作になります。

「6→5」のキーで指くぐりしてみましょう。人さし指（二）で「6」の音を出したのち、人さし指の下を親指（一）がくぐって、左隣のキー「5」を押します。

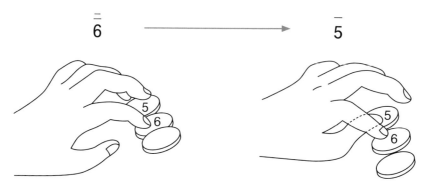

指くぐりは親指が下に潜る

中指・薬指の下を親指がくぐるときも同様です。

中指で「6」の音を出したあと…

親指で指くぐりして「5」のキーを押さえる

数字譜では右下向きの矢印「↘」で指くぐりを表します。次の譜面で指くぐりして

みて下さい。一部、指越えも登場します(▽の記号については70ページ参照)。

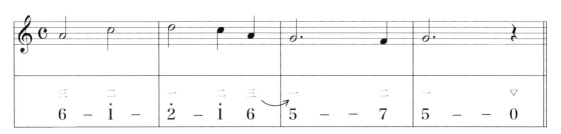

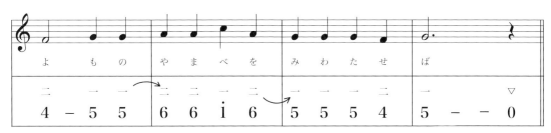

雅楽「越天楽今様」で指くぐりしてみよう

指くぐりして親指でキーを押すときに、親指の爪で押さえないように注意しましょう。爪で押さえると、キーが滑って不安定な押さえ方になります。指の側面がキーに当たるようにしてください。

また、指くぐり・指越えする次の音の指を意識し、早めに準備しておきましょう。音楽は先へ先へと流れているものなので、常に次の音のことを考えておくことが大切です。

日々の基礎練習は音階練習を
ていねいに行うのがおすすめ

音階練習は、楽器のレベルアップには重要とはわかっていても、退屈で修行のよう……。しかし、ポイントを押さえて行えばモチベーションもアップしますよ！

CHECK 1 音階練習はすべての楽器の基礎練習

　毎日の練習として取り入れたいのが「音階練習」です。音階練習は、大正琴に限らず、すべての楽器で行う最も基本的なトレーニングです。

　音階練習は、「1→2→3→4→5→6→7→i̇、i̇→7→6→5→4→3→2→1」をひたすら繰り返す練習です。まず以下の音階を弾いてみてください。

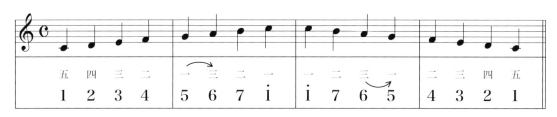

最も基本的な音階

　「なんだ、チョ〜簡単！」と思うかもしれませんが、実は音階練習には、すべてのテクニックの基本が含まれています。試し

に、同じ音階を8分音符のリズムにして、①〜③の弾き方でそれぞれくり返し弾いてみてください。

①すべて向こう弾きで
②向こう弾きと手前弾きを
　交互に
③すべて手前弾きで

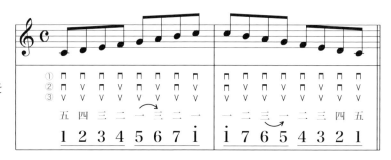

右手での弾き方を変えてみよう

　正確なテンポの中で、リズムを崩さずに、きれいな音で繰り返せたでしょうか？
　音階練習は、ただ漠然と行っても意味が

ありません。一音一音、次の「音階練習のポイント」をチェックしながら行ってください。

音階練習のポイント

①一定のテンポで行う。
②すべての音が同じ音量になるように。
③すべての音が同じ音色になるように。
④キーを押さえてピックではじくタイミングをすべての音でそろえる。
⑤特に手前弾きは乱雑になりがちなので注意！
⑥指越えと指またぎの箇所でリズムが乱れないように。
⑦上行の際は、前のキーを離さずに次のキーを押さえる。
⑧下行の際は、次の音を弾く一瞬前に次のキーを押さえておく。

これらのポイントをすべてイメージしながら、根気よく繰り返しましょう。

16分音符になっても一音一音は正確に！

音階練習は、左手の指を自由に速く動かす訓練になるとともに、右手で美しい音色を奏でるための大切なトレーニングです。また、左右の手でタイミングを合わせるコンビネーション練習としても非常に有効で

8分音符での音階がスムーズに美しくできるようになったら、音符をもっと細かくしていって、16分音符でも同様に行います。音符が細かくなると速い動きになるので、向こう弾きと手前弾きを交互に行いましょう。

す。シンプルで機械的な練習なので飽きてくることがあるかもしれませんが、**曲を弾き始める前のウォーミングアップとして、毎日の練習にぜひ取り入れてください。**

CHECK 2 スタートする音を変えて音階を弾いてみよう

「1（ド）」からスタートする音階以外に、**スタートする音を変えるとさまざまな音階をつくることができます。** そもそも音階とはなにか、ということについては100ページで詳しく説明しますので、ここでは「2」からスタートする音階を弾いてみてください。黒いキーに注意しながらトライしてみましょう。

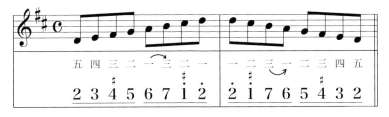

「2（レ）」からスタートする音階

コツ 25 弾きづらい曲は、まず楽譜を見ながら音名で歌う練習を

「一生懸命練習しているのになかなか上達しない……」「曲が難しすぎる！」。そんなときは、楽器を置いて歌ってみることから始めましょう。

CHECK 1 語呂合わせでリズムをマスター？！

大正琴は、現代では幅広い年齢層の方に親しまれています。若い方は、常にいろんなジャンルのさまざまな音楽に接しているおかげか、リズム感のいい方がほとんどです。一方、年配の方は複雑なリズムを苦手にしている方が多いように思います。

そんな方には、リズムを日常で使う単語に当てはめ、語呂合わせで理解することをお伝えしています。たとえば、下のようなリズムは「カレーパン」を当てはめ、リズ

ムの感覚をつかんでもらうのです。

3連符の3つの音のうち、真ん中の音を抜いた「タッカ」というリズムはなかなか難易度が高いようなので、「ホットドッグ」に当てはめてみましょう。

3連符のリズムを
「ホットドッグ」に当てはめる

身近な言葉に当てはめると、リズムを楽しく感じることができると思います。いろんな語呂合わせを考えてみましょう。

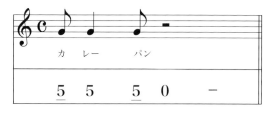

リズムを「カレーパン」に合わせてみる

CHECK 2 楽器に触れる前に歌ってみよう！

楽譜を見ながらの練習では、細かな音符が出てくると、とたんに苦手意識を持ってしまう人がいます。付点音符やタイで結ばれた音符が出てくると、「わからなーい」と投げ出してしまう方もいるのではないで

しょうか？

難しいリズムが出てきたら、楽器で無理やり弾こうとせず、まずそのリズムを声に出して歌ってみましょう。音の高さは自分が声に出しやすい高さで大丈夫です。

リズムで歌う際は、手で拍子を取りながら口でリズムを言います。たとえば4/4の場合、指先で机の上などを「トントントントン」と、4回ずつ拍を刻みます。ゆっくりでもかまわないので、必ず一定のテンポで刻むようにしてください。その「トントントントン」に合わせながら、口でリズムを「タンタン、タターン」のように歌うようにします。中には指先で一定のテンポを叩くのではなく、演奏すべきリズムを叩く練習をしている人もいますが、これでは基準となる拍がわからないので、リズム練習にはなりません。「手で拍を刻みながら口でリズムを歌う」を基本に練習してみてください。

数字譜のリズムを歌えるようになったら、音名をつけて歌ってみます。

手 → トン　トン　トン　トン

口 → タタッター　タタッター

手で拍を刻み、口でリズムを歌おう！

五線譜に慣れた方なら、上の譜面を「ソーミソードーシー〜」のように歌ってみましょう。数字譜をマスターしたい人は、「ゴーサンゴーイチイチー〜」と歌ってもいいと思います。歌う際のピッチは正しくなくても、ある程度上下していれば十分です。まず、リズムと音の高さを“イメージとしてとらえる”ということが大切です。

CHECK 3 曲の速さを表す速度記号

曲の冒頭やテンポが変わる箇所に「♩=60」のような記号が書かれていることがあります。これは、基準となる音符が1分間に何回刻まれる速さで演奏するのか、ということを表したもので、速度記号といいます。

たとえば、「♩=60」は、「1分間に4分音符が60回刻まれる速さ」、つまり4分音符を1秒の速さで演奏しなさい、という意味です。「♩=120」なら「1分間に4分音符が120回刻まれる速さ」ということなので、4分音符が0.5秒間隔で刻まれる速さになります。

楽譜に書かれた速度で正確に演奏するには、メトロノームという器具を使うと便利

です。最近ではスマホのアプリでも優れたメトロノームが数多く出ていますので、いろいろと試してみるといいでしょう。

メトロノームの数字を
速度記号の数字に合わせてテンポを測る

コツ **26** 上達に効果大！ 両手を柔らかく動かすためのスーパーストレッチ

大正琴の演奏に不可欠な指や手首の動き。きれいな音色を出していい演奏ができるように、日常生活の中にストレッチを取り入れ、自在な動きができるようにしましょう。

CHECK **1** 楽器がなくても日常のストレッチをぜひ！

　大正琴は、左手を動かして指でキーを押さえ、右手で持ったピックで弦をはじいて音を出します。手や指を柔らかくして、自在な動きができないと、思うような演奏ができません。

　私は長年ピアノを教えてきました。大正琴の世界に入ってみて、ピアノで使う筋肉と大正琴で使う筋肉とではだいぶ違いがあると感じました。しかし、体が柔らかく使えれば、楽器を自由に演奏できるという点はどちらも同じです。

　ここでは私が行っている体を柔らかくするためのストレッチを紹介します。楽器を

弾く前のウォーミングアップとして、手や指だけでなく、体全体をリラックスするようにしましょう。いずれも仕事や勉強の合間のちょっとした時間でも行えますので、気分転換を兼ねて取り入れてもいいでしょう。

　どれも簡単に行える動作ですが、決して無理はしないようにしてください。「少し負荷をかけたほうがいいだろう」と力を入れてしまうと、指や手首を痛めることがあります。ストレッチは体をほぐすことが目的ですから、体がほんのり温かくなるくらいがちょうどいいと考えてください。

CHECK **2** まずは各指を伸ばしてみよう

　では、まず指を伸ばすストレッチです。

　立った状態で、それぞれの指を安定した机やテーブルの上に置き、少しずつ体重を乗せていきます。「指が伸びて気持ちいいな」というくらいまで力をかけるといいでしょう。

まず両手の親指を机に置いて
体重をかけていく

次に人さし指…

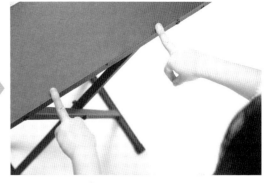

同様に中指も伸ばし…

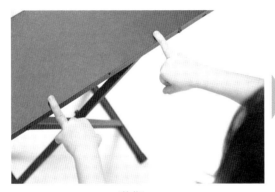

薬指…

細くて弱い小指は力の入れすぎに注意！

CHECK 3 指を開くストレッチ

　次に、左手の指と指との間を開くストレッチです。

　机に左手の親指と人さし指を開いて置き、少しずつ体重をかけていきます。指が開くと同時に、手全体の筋肉も伸びていきます。親指と人さし指の間を開いたら、人さし指と中指、中指と薬指、薬指と小指の間も、同様に開いていきましょう。

　大正琴は、上行形のフレーズでは、前のキーを押さえたまま次のキーを押さえます。音が大きく跳躍するメロディーを弾く際は、指と指を大きく開く必要があります。このストレッチは、指を柔らかくして大きく広げる動作に効果的です。

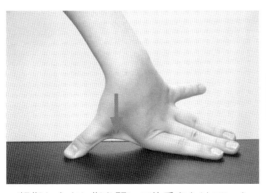

親指と人さし指を開いて体重をかけていく

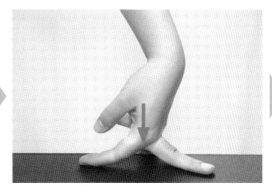

人さし指と中指を互い違いに開いて
体重をかける

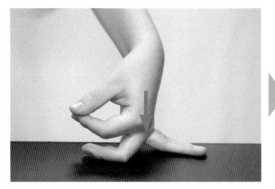

中指と薬指も同様に

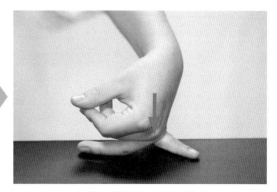

最後に薬指と小指を開く

両手を使って指を開くストレッチ

　指を開く動作は、両手でも行えます。

　両手で親指同士、人さし指同士の先端を合わせ、左右から少しずつ力をかけていき

ます。間にできた空間をつぶすような感じで指を開いていきましょう。

親指と人さし指の先端を合わせて…

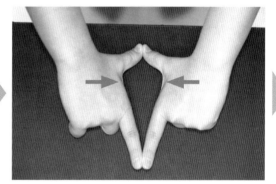

両側から力をかけて指を伸ばす

人さし指と中指を合わせて…

両側から力をかけて指を伸ばす

中指と薬指も同様に合わせて…

指を伸ばす

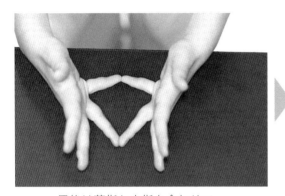

最後は薬指と小指を合わせて…

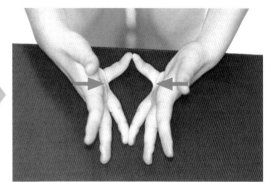

伸ばす

CHECK 5 隣合わない指を合わせて伸ばす

先ほどは隣り合った指の先端を合わせて伸ばしましたが、今度は隣り合わない指を合わせて、同じように開いていきます。最初は親指と人さし指からスタートし、続い て親指と中指、親指と薬指、親指と小指、というように隣り合わない指も広げていきましょう。

まず先ほどと同じように
親指と人さし指を合わせてスタート

次に親指と中指を合わせて
両側から力をかけて伸ばす

65

同様に親指と薬指で

最後は親指と小指を合わせて伸ばす

また、親指を基準にするのではなく、「人さし指＋薬指」や「人さし指＋小指」などでも行うといいでしょう。

人さし指と薬指を合わせて伸ばす

人さし指と小指を合わせて伸ばす

CHECK 6 手の甲を下に向けて関節を柔らかくする

立った状態で、手の甲側を下にして机に乗せ、腕を伸ばしましょう。そしてゆっくりと腕に力を入れ、肘を曲げ伸ばしします。

大正琴でキーを押す際は、指先だけを広げるには限界があります。しかし、**手首を柔軟に動かすことによって、手のひら全体を大きく開き、結果的にさらに指を広げることも可能になります。**

また、右手で持ったピックで弦をはじく際は、指先ではなく手首を支点にして手全体を動かします。このストレッチは、**きれ**いな音を出すために、手首の関節を柔らかくする効果があります。

手の甲を机の上にペタッと寝かせる

そのまま指先が自分側に向くように
手を回転させる

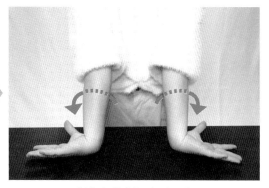

指先を外側に向けると
肘から手首にかけての筋肉が伸びる

CHECK 7 立って腕を伸ばす

　最後は、体全体、特に上半身をリラックスさせるストレッチです。

　両手を体の前に組んで上下・左右に動かすことによって、指や腕を伸ばし、肩甲骨周辺の筋肉をほぐすことができます。体だけでなく、メンタルもリラックスでき、大きな気分転換にもなると思います。

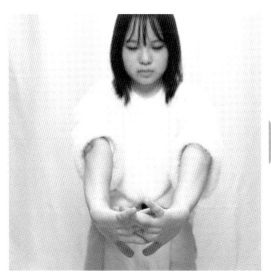

両手を組んで手のひらを外側に向ける

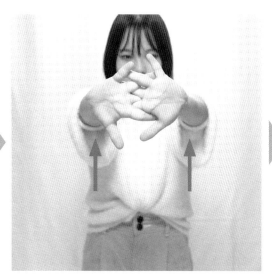

肘を伸ばしたままゆっくりと腕を上げていく

指を組んだまま腕を頭の上で伸ばす

そのまま左に傾けて右腕を伸ばす

同様に右に傾け左腕を伸ばす

腕を肩の高さまで下げて腰を左にひねる

そのまま腰を右にひねる

以上、いくつかのストレッチを紹介しました。

もっとシンプルに、指をグーパーしたり、腕を伸ばしてグルグル回したりするだけでも、指や腕にとってはいい"ほぐし"になります。自分なりに工夫して、いろいろなストレッチを取り入れてみましょう。

上達編

いろいろなテクニックを
確実に使いこなす

コツ 27 メロディーの躍動感は音を止めることで生まれることがある！

あなたは音の長さについて考えたことはありますか？ "音を出す" ことばかりではなく、"音を消す" ことの重要性も考慮し、音の長さについて考えてみましょう。

CHECK 1 休符では必ず消音する！

大正琴やギター・ウクレレなど、弦をはじいて音を出す楽器を総称して「撥弦楽器」といいます。一方、ヴァイオリンやチェロ、二胡など、弦を弓の毛でこすって発音する楽器を「擦弦楽器」といいます。

擦弦楽器は、弦をこする "動作" をやめれば音は止まります。一方、撥弦楽器は、弦をはじいた後に手の "動作" を止めてい

ても、音は減衰しながらしばらく鳴り響きます。音を止めるには、弦の振動を止めるという2つ目の "動作" が必要です。

鳴っている音を止めることを「消音」といいます。大正琴で消音するには、ピックで弾いた後に右手の中指または薬指を弦に触れて振動を止めます。弦に触れる際は、1〜4弦すべてに同時に触れます。手全体の形が崩れないように注意しましょう。

休符では必ず消音します。数字譜では、休符を表す「0」の上に「▽」の記号で消音を表記することもあります。

弦をはじいたあとに…

中指で弦に触れて振動を止める

休符では必ず消音する！

また、音を短く切る「スタッカート」という奏法でも、消音のテクニックを使って音を短くします。スタッカートは、記譜されている音符をおおむね半分の長さで演奏します。

通常の音の長さにスタッカートが付くと…

スタッカートがついた音符は、消音して半分の長さで演奏する

CHECK 2 「音価」は曲のイメージまでを左右する

音の長さのことを音価といいます。音価は、音楽にとって重要な要素の1つです。たとえば、50ページで弾いた「ぶんぶん」の前半を、半分の音価で弾いてみてください。

音価を半分にして雰囲気の違いを味わおう

同じフレーズなのに、音符を短く弾くとガラッと雰囲気が変わり、躍動感が生まれます。音価は曲のニュアンスを大きく左右する重要な要素だということが実感できるのではないでしょうか。

先ほど、消音するには"音を消す動作"が必要だと解説しました。大正琴の演奏は、"音を出す動作"のあとに"音を消す動作"が必要な場合が多く、消すポイントによって音価が決定します。どんな音価で演奏すれば最も効果的ですてきな演奏になるのか、常に考えながら弾けるとよいですね。

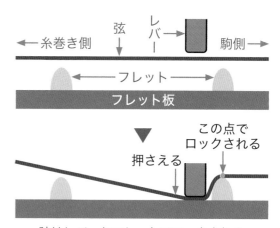

コツ 28　キーを離す＆弦を弾くタイミングを合わせて雑音をなくす

大正琴は、左手と右手の動作がぴったり合わないとノイズが出てしまいます。澄んだきれいな音を奏でるために、左右のタイミングについて考えましょう。

CHECK 1　タイミングを合わせるとはどういうことか

大正琴はキーを押すことによって音の高さを変化させ、右手のピックで弦をはじいて音を出します。この「左手でキーを押す」「右手のピックではじく」という2つの動作のコンビネーションについて、再確認しましょう。まず、大正琴の音の出る仕組みを復習しておきます。

大正琴の発音手順

①左手の指先でキーを押す
②キーから伸びたレバーが弦に当たる
③弦がフレット板に押しつけられ、フレットによってロックされる
④ピックではじく
⑤発音する

ピックで弦をはじくポイントは③の直後です。②の時点や②と③の間ではじくと、"ジャリッ"とか"ミョワン"といったノイズが出てしまいます。

このタイミングは非常に微妙で、ほんの一瞬の動作です。ある程度経験を積んで多くの曲を弾けていても、このタイミングが正確でないために、きれいな音が出せていない方は少なくありません。

弦はレバーとフレットでロックされる

もっとも、レバーは金属、そして弦も金属なので、互いが触れ合う瞬間、わずかながら音が出てしまいます。触れ合ったときの音を出さないようにと、キーを恐る恐る押さえる方もいますが、これでは演奏自体が萎縮してしまいます。**この微細なノイズには目をつむり、あえていうなら"うまいことごまかして"、弦をはじく動作を早めに行うのがコツです。**

うまくタイミングをつかめない場合、ゆっくりとした動作で確認することが大切です。まず、体重を指に乗せるように確実にキーを押さえます。そして、弦がフレットでロックされたのを確認してピッキング

します。この動作を確認しながら、少しず
つ早めていきましょう。

　動作を確認する際は、これまで弾いた「カ
エルの歌」や「ぶんぶんぶん」など、シン
プルなメロディーの曲を弾いてみるといい
でしょう。楽譜を見ずに弾けると思います
ので、左手と右手のタイミングをチェック
するには最適です。

CHECK 2 キーを離す時は次のキーを意識する

　キーを押さえるポイントは上記の通りで
すが、下行形のフレーズの場合は、逆にキー
を離すタイミングに注意します。たとえば、
「7→6」のように下行する場合。「7」のキー
を完全に離すよりも一瞬早く「6」を押さ
え、「7」を離したときにはもう「6」が押
さえられた状態になっていることが大切で

す。あとは「6」を鳴らすタイミングで弦
をはじくだけ、というわけです。

　キーを離す際も、触れ合っていた金属と
金属が離れるので、実は微細なノイズが出
ます。ここでも"うまいことごまかして"、
次の音をしっかりと発音するようにしま
しょう。

CHECK 3 澄んだ音を出すためには右手も大きく動かすこと！

　大正琴は繊細な音色なので、丁寧に弾こ
うとするあまり、つい小さくこじんまりと
弾いてしまう人も少なくありません。しか
し、それでは音量が小さくなり、豊かな音
色を得ることが難しいのです。人の心を揺
さぶる感動的な演奏に仕上げるのも難しい
でしょう。ピックを持った右手の手首を柔

らかくして振り幅を大きくし、できるだけ
大きな音で弾くことを心がけましょう。

　また、ピックの大きさや硬さ・材質によっ
ても弾き具合は変化します。自分で気持ち
よく弾くことのできるピックを見極めるた
めに、いろんなタイプを試してみることを
お勧めします。

上達編

いろいろなテクニックを確実に使いこなす

73

コツ 29 メロディーの"探り弾き"をすると音感が向上していく

なんとなく覚えているメロディーを思い出しながら弾く「探り弾き」。練習には見えないかもしれませんが、探り弾きには思わぬ効果があるのです。

CHECK 1 覚えている曲で、音を拾いながら弾いてみよう

音階練習などの基礎練習は、左手の訓練になると共に、右手とタイミングを合わせるコンビネーションにとっても、非常に効果的なトレーニングです。しかし、シンプルで機械的な練習のため、飽きてくることもあるでしょう。人によっては、楽器に対するモチベーションが下がる原因になってしまうかもしれません。

「早く曲が弾けるようになりたいな〜」「自分の好きなあの曲を弾きたくて大正琴を始めたのに……」と思う人もいることでしょう。

楽器の楽しさは、やはり曲を演奏するこ

とです。弾きたい曲があったらどんどん挑戦してみてください。アニメソング・映画音楽・童謡・J-Pop・クラシック……、曲のジャンルはなんでもいいのです。

楽譜はなくても、なんとなく頭に残っているメロディーを探りながら弾くことを「探り弾き」といいます。うろ覚えでかまいません。自分なりに音を拾ってみてください。後日楽譜を入手してまったく違っていたとしても、そのときに修正すればよいのです。弾きたい曲をどんどん「探り弾き」しましょう！

CHECK 2 探り弾きは、曲を覚える効果もある

探り弾きする際は、頭の中に覚えているメロディーを、口に出して歌いながら行うことが大切です。歌詞を歌いながらでもいいですし、歌詞を覚えていない場合は「ラララ〜」とか「フフフーン〜」みたいな鼻歌でもいいと思います。

何回かチャレンジして楽器でもなぞれるようになったら、音名を歌いながら合わせてみましょう。五線譜に慣れた方なら「ドレミ……」でも、数字譜をマスターしたいと思っている人なら「123……」でも、ど

ちらでも OK です。多少音程がずれていてもかまいません。音名を口に出すことで、音の高低やリズムの流れがつかみやすいという効果があります。知らず知らずのうちに音感が養われていくのです。

また、うろ覚えのメロディーが、探り弾きによって"音楽"になると、時間がたってもその曲の弾き方を案外覚えているものです。探り弾きは、何回も繰り返しながら音を拾っていくので、結果的には曲を繰り返し練習しているのと同じということなの

です。

　よく「口で歌えないと楽器でも演奏できない」と言われます。歌えるということは、メロディーが音のイメージとして頭に入っているわけですから、確かに理にかなっている言葉です。ぜひ音を口に出しながら練習してみてください。

覚えている曲を歌いながら探り弾きしよう！

CHECK 3 探り弾きしたメロディーを数字譜にしてみよう！

　探り弾きでメロディーを弾けるようになり、音名でも歌えるようになったら、数字譜に表してみましょう。五線譜が読める方は、五線譜と一緒に数字譜も作ってみるといいと思います。これは、楽譜に慣れるということに加え、音を記録に残しておく、という二重のメリットがあります。

　楽譜に慣れるには、楽譜を書くことが一番の近道です。小学生の頃、漢字を覚える

のに、何回も読みをいいながら書き写した記憶はないでしょうか。楽譜も、音名を口に出しながらリズムを感じ、書くことによって覚えていきます。

　まず、下の「カエルのうた」に数字譜を書き込んでみましょう。キーの番号とリズムの長さをよく考えながら記入してみてください。可能であれば、指番号も入れてみましょう。

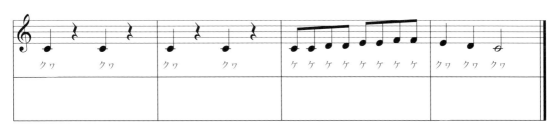

五線譜の下に数字譜を書き込んでみよう！

　楽譜は、書くことによって慣れ、記録として残っていきます。デジタル全盛の世の中ですが、やはり"自分の手で書く"というアナログ的な作業によって、音は脳裏に刻まれていきます。

　譜面を書くための原稿用紙は、104ページに掲載しておきます。B5版サイズになっていますので、A4版に拡大コピーすれば、大きく書きやすいと思います。ぜひ活用してください。

置き指するポイントを明確にして、よい演奏の足がかりにする

なめらかなメロディーを奏でるために「置き指」のテクニックは必須です。次の音を意識して、最適な指遣いで弾きましょう。

CHECK 1 なめらかな音移動のために、置き指をマスターしよう

たとえば「3→4→3」や「7→i→7」など、"行って戻る"というようなメロディーはよくあります。このようなフレーズは「置き指」で演奏します。置き指は、あるキーを押さえたまま、隣のキーを押さえるテクニックです。

「3→4→3」の場合で手順を追ってみましょう。

置き指の手順

①「3」を中指で押さえて弾く。
②「3」を押さえたまま「4」を人さし指で押さえて弾く。このとき、「3」と「4」の2つのキーを押さえている状態になる。
③「3」を押さえたまま人さし指のみを離して弾くと「3」の音が出る。

「3」のキーを中指（三）で押さえて弾く

「3」を押さえたまま
「4」を人さし指（二）で押さえて弾く

そのまま人さし指を離して弾くと
「3」の音が出る

置き指

「三」は押さえたままにしておく

置き指は頻繁に行うため、数字譜では特に決まった記号はありません。むしろ、大正琴の演奏では、自然に行っている奏法といえるでしょう。演奏時に"カチャカチャ"といったキーを押すノイズが聞こえるとき

は、置き指のことを忘れていることが多いといえます。置き指する箇所には、譜面に○印をつけたりマーカーで色づけしたりして、目立たせておくとよいでしょう。

CHECK 2 置き指は指越えや指くぐりと併用することが多い

実際に曲の中で置き指を意識して弾いてみましょう。日本民謡「さくら さくら」です。

3小節目は「親指→指越え→人さし指→親指」という指遣いになります。このとき、「6」を押さえた親指は、指越えしたあと

もキーから離さず、黒いキーの「♯6」を人さし指で押さえます。そして人さし指のみを離して元の「6」に戻ります。

4小節目は、人さし指で押さえた「5」を離さずに「6」を親指で押さえたのち、親指を離すだけです。

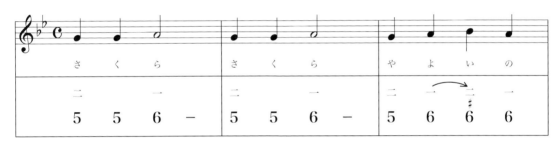

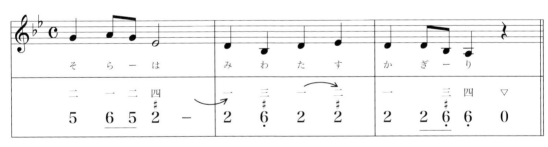

3・4小節目は置き指でなめらかなフレーズにする

上の例で見たように、置き指は「上行→下行」というフレーズの際に行うことが多いのですが、実は「下行→上行」の際も、瞬間的には置き指になっています。56ページで触れたように、たとえば「6→5」と下行するメロディーの場合、「6」のキーを離すよりも一瞬早く「5」を押さえます。この、ほんの一瞬の間、置き指になっているのです。

置き指は、「次の音を準備しておく」ためのテクニックで、メロディーをなめらかに演奏するには必須の奏法です。演奏の中では、指越えや指くぐりと併用することも多く、実は自然と置き指になっている場合も多いのです。美しいメロディーの流れを奏でられるように、ぜひマスターしておきましょう。

コツ 31 メロディーの音が“跳んで”いるときは、指替えを駆使しよう

メロディーにはさまざまな動きがあります。音と音が離れた際に行う「指替え」のテクニックを身につけて、流れるようなメロディーを奏でましょう。

CHECK 1 音の跳躍とは？

メロディーの音の運びには、さまざまな動きがあります。

「1→2」や「5→4」など、隣り合った音へ変化することを「順次進行」といいます。一方、「1→3」や「7→4」など、隣り合わない音へ変化する動きを「跳躍進行」といいます。順次進行以外はすべて跳躍進行になります。

順次進行は落ち着いた美しい流れになり、跳躍進行は躍動感や力強さなどが感じられます。世の中のあらゆる音楽は、この2つの進行によって作られています。

大正琴の演奏では、跳躍進行のメロディーは指越えや指くぐりで指が届かないことがあります。こういうときに、「指替え」のテクニックを使います。

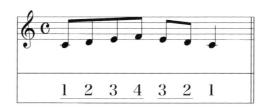

順次進行は落ち着いた美しい流れになる

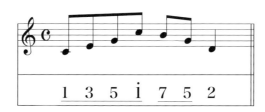

跳躍進行は躍動感や意外性が感じられる

あるキーを押さえたまま、押さえる指を替える奏法を「指替え」といいます。指替えは、次の音が跳躍していて指が届かない場合に行います。また、低音から高音、高音から低音へスムーズに手全体を移動させるときにも行うテクニックです。

たとえば、「1→3→5」という音の動きで見てみましょう。通常は「五→三→一」という指の動きになりますが、その前後のフレーズによっては「五→三→二」という動きをする場合があります。

小指（五）で「1」を押さえて弾く

中指（三）で「3」を押さえて弾き、薬指を「3」のキーに引き寄せる

中指で「3」を押さえたまま薬指（四）でも「3」を押さえる

薬指は押さえたまま中指を離し、人さし指を伸ばす

人さし指（二）で「5」を押さえて弾き、他の指は離す

指替えでキーの移動をすると、スムーズな動きでメロディーを弾くことができます。指替えは、同一のキーを使った置き指の一種ともいえるでしょう。

　数字譜では、漢数字の運指記号の上に、大かっこ「[」を横にしたような「⌐」という記号で指替えを表します。この記号で2つの指番号をくくり、指替えする指は（　）の中に記します。たとえば、親指から人さし指へ指替えを行う場合は「一（二）」のような表記になります。

　指替えの記号は、向こう弾きを表す「┌┐」と似ているので注意してください。指替えの場合は必ず2つの指番号が並んで表されますが、向こう弾きの記号は1つの指番号の上に付されます。

　では、曲の中で確認してみましょう。

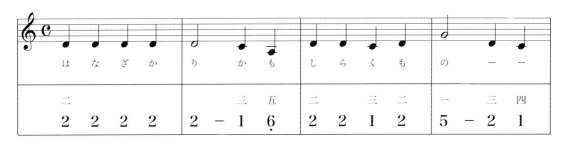

指替え

5小節目で親指から中指へ指替えを行う

　5小節2拍目で指替えします。「6」のキーを親指（一）で押さえて弾く間に、親指で押さえたまま中指でも「6」のキーを押さえます。そして、3拍目で「i」を人さし指（二）で押さえます。

　この場合、1拍目も同じ「6」の音なので、ここで指替えしておくとキー移動にも余裕が生まれると思います。

　たとえば、「1→3→5」と跳躍進行するフレーズでは、基本的に「五→三→一」という指遣いで弾きます。しかし、前後の

メロディーの流れによっては、跳躍進行であっても指を広げて隣の指で押さえなくてはならない場合もあります。これを「指広

げ」といいます。逆に、「2→3」という隣り合ったキーの移動でも、「四→三」というような隣の指を使わず、「四→二」という動きをすることがあります。これを「指寄せ」といいます。

指広げの場合を見てみましょう。

「3（三）→4（二）」と弾く

次の「5」を、親指（一）ではなく、指を開いて人さし指（二）で押さえる

通常は「5」を親指で押さえますが、指広げして人さし指で押さえています。

数字譜では、指広げや指寄せの記号はなく、特に指示もありません。運指番号を確認して判断するようにしてください。

CHECK 5 数字譜の意味をよく考えて運指練習をしよう！

大正琴は、左手の5本の指だけで28個のキーをすべてカバーします。よく考えてみると、なかなか大変ですよね。

数字譜は、フレーズがぶつ切りにならないように、運指や音の運びを考えてアレンジされています。数字譜に書かれた運指番号を1つ1つ確認して弾くようにしてください。

また、右手で弦を弾かず、左手だけで練習することもお勧めです。これまで「左右の手のタイミングを合わせて弾く練習をしよう」と言ってきたことと相反するかもしれませんが、左手だけに集中することで、運指を細かく確認できるようになります。

左手でキーを押さえると、弦を弾かなくてもレバーと弦が接触する小さなノイズが出ます。左手のみの練習では、逆にこのノイズを利用します。指遣いや指の形、リズムに合わせてキーを押さえるタイミングなどを丁寧に確認しましょう。また、左手だけに集中すると、キーを押さえる力加減もわかるようになるため、非常に有効な練習でもあります。

数字譜に書かれたキー番号や運指番号、さまざまな記号類を見落とすことなく、なぜこのような運指番号が当てられているのかを考えてみることも、演奏上達のポイントです。

メトロノームは使い方によって価値のある練習になる

音階練習や曲の練習の際、テンポの基準はどのように設定していますか？　正確なテンポの中で練習するために、ぜひメトロノームを使いましょう。

CHECK 1 メトロノームのいろいろ

メトロノームは、一定の間隔を刻み、楽器を練習する際に正しいテンポで演奏するために使う器具です。音楽室には必ず置いてあるものなので、見たことがある方も多いでしょう。

機械式のメトロノームは、ゼンマイを巻いて動力にし、重りのついた振り子を揺らします。振り子は、左右に揺れるたびに「カチ、カチ……」という音が鳴る仕組みになっています。「カチ、カチ……」の速さがテンポで、その速さは前面に刻まれた数字で表されます。また、側面には2拍・3拍・4拍・6拍ごとに「チーン」という鐘の音を鳴らす機能も付いています。この鐘の音を拍子に合わせて、小節のアタマ（1拍目）を知ることができます。

機械式のメトロノームは、重力を利用して作られているので、傾いた場所で使うと一定のテンポが刻めません。**必ず平らな机やテーブルに置いて使うようにしてください。**

現在では、重力に左右される機械式メトロノームの欠点を補うため、電子式のデジタルメトロノームが数多く製品化されています。また、スマホのアプリにもバリエーションに富んだメトロノームがあります。アプリのほとんどは無料で利用できますし、いつでもどこでも使うことができるので、お気に入りのアプリをダウンロードしておくといいでしょう。

オーソドックスな
機械式メトロノーム

ハンディータイプの
小型メトロノーム

CHECK 2 メトロノーム、あなたは正しく使っていますか？

メトロノームをすでに使って練習している方でも、正しい使い方がわからず、ただ「カチ、カチ……」と鳴らし続けているだけの人も多いようです。まず、機械式メトロノームの設定を確認しておきましょう。

①ゼンマイが止まるまで回す（力任せ
　に巻ききらないよう注意！）
②曲の冒頭に「♩=120」などと記さ
　れた速度記号の数字を確認する
③振り子に取り付けられた重りの上面
　と、数字の目盛りを合わせる
④側面の拍子を曲の拍子に合わせる
⑤振り子をスタートさせる

　デジタル式やアプリでも、機械式と同様
に、曲のテンポと表示されたテンポの数字
を合わせます。拍子の設定方法は製品に
よって異なるので、マニュアル等で確認し

てください。
　メトロノームを実際に使う際は、まず
「カチ、カチ」という音をしばらく聞きま
す。そして、合わせた拍子によって、たと
えば4拍子なら4回に1回、3拍子なら3
回に1回、「チーン」という音が鳴るので、
この音を「1」というように数え始めます。
この"1を感じる"ことを行わず、4拍子
なのに「カチ、チーン、カチ、カチ」と繰
り返す中で数えながら練習する方が多いの
で注意しましょう。**必ず拍子のアタマを感
じるようにしてください。**

正しい数え方

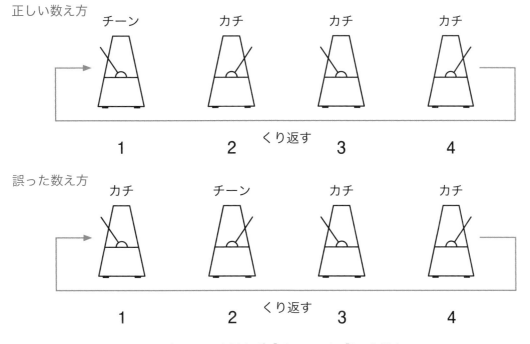

メトロノームは必ず「チーン」を「1」と数える

　メトロノームを実際の曲のテンポに合わ
せて練習してみると、弾きづらい箇所や速
くて難しいフレーズが出てくると思いま
す。その場合は、テンポを落として練習し
ます。遅いテンポでも弾けない場合は、さ
らに遅いテンポで練習しましょう。これを
繰り返せば、速い動きでも必ず克服できる

ようになります。
　また、できる部分は速いテンポで弾いて、
できない箇所になったとたんにゆっくり弾
く、という方も見かけます。しかし、これ
では一定のテンポ感は養えません。**できな
い部分のテンポに合わせて、できる部分も
その遅いテンポで弾くことが大切です。**

曲の感情表現に欠かせない
強弱のつけ方をマスター

"音に感情を乗せる" とはいったいどういうことでしょう。ここでは、音楽とはなにか、そして表現に大きく関わりのある強弱について考えてみましょう。

CHECK 1 音楽は、自分の感情を表現する手段

　みなさんは、なんのために大正琴を練習しているのか、考えたことがあるでしょうか？

　興味半分から、あるいは友達に誘われたからなど、ささいなことをきっかけとしてスタートした人も多いと思います。しかし、つらい練習や厳しいレッスンが続くと、「自分はなんのためにこんな苦しい時間を過ごさなければいけないの？」と疑問を持つ人もでてきます。

　音楽は、自分の感情を音として表現できる手段の1つです。嬉しさ、優しさ、悲しさ、苦しさ、楽しさ、喜び、不安、愛情、などなど、人間にはさまざまな感情があります。そして、感情を取り巻く風景があります。これら思っていることや感じていることを、大正琴という "道具" を使って、音楽という "手段" で表現する、そのために毎日の練習があります。

　ですので、楽譜に記されたことをきちんと楽譜通りに演奏できても、そこに感情が

なければ音楽とはいえません。

　昨今、パソコン等を使ってだれでも気軽に音楽をつくったり演奏したりできるようになりました。昭和生まれで歌謡曲やフォークソングを聴いて育った世代の方にとっては、最近の音楽は、どこがよいのかわからない……と思うかもしれません。しかし、若い層にとっては、歌詞のよさ・リズムのかっこよさ・スリリングなメロディー・アレンジの奇抜さなどによって感情が動かされる "音楽" なのです。

　テクニックを磨くことは必要ですが、それが音楽の主体になっていてはいけません。主体は音楽であり、表現手段としてテクニックがあり、表現するための道具の1つが目の前にある大正琴なのです。自分のこれまでの人生や今現在の生き方、将来の夢など、さまざまな思いを音に乗せて表現してみましょう。考え方を切り替えれば、つらい練習も楽しく変化すると思います。

CHECK 2 強弱は振幅で替え、譜面に書かれた以外の強弱の感じ方がポイント

　楽器を使って感情を音として表現するには、強弱・抑揚・アーティキュレーションといった、音符や休符以外の要素が大きく

左右します。強弱は音の大きさ、抑揚は調子のことです。アーティキュレーションは音価や発音に関係する要素です。これらの

要素の1つ、強弱について考えてみましょう。

大正琴の強弱は、ピックで弾く右手の振り幅が大きく関係します。右手は、糸掛板に当てた部分を支点にして手首を動かし、軽く弧を描きます。この振り幅が広いと音は大きくなり、逆に振り幅が狭いと音は小さくなります。

この動作は、扇子で顔をあおぐときの動作によく似ています。扇子は、振り幅によって当てる風を強くしたり弱くしたりしますよね。このとき、手にはそれほど力が入っておらず、手首を支点として左右に軽くあおいでいるだけだと思います。

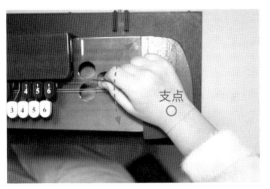

振幅が広いと大きな音になる

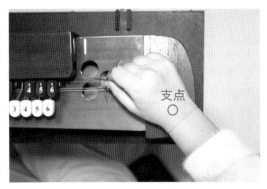

振幅が狭いと小さな音になる

では、どういう時に大きく、あるいは小さく演奏すればよいのでしょうか?

まずは、**楽譜に記された「f」や「p」、クレッシェンドやデクレッシェンドといった強弱記号を確認します**。これは、アレンジした人が「ここは盛り上げてほしい」「この部分は弱く繊細に」というイメージを記号化したものなので、基本的にはその指示に従います。

次に、メロディーの流れを考えます。メロディーを歌ってみると、どこからどこまでが1つのまとまりなのかがわかります。このまとまりの中で強弱をつけてみましょう。基本的に音楽は、**音程が上がると大きくなり、音程が下がると小さくなります**。この流れを感じながら強弱をつけてみましょう。

ただ、数字譜は音の高低を数字の増減によって表しているので、流れがイメージしにくいかもしれません。そのときは、併記された五線譜を見てみましょう。音名はわからなくても、五線の上の方へ音符が行くと音は高くなり、下の方へ行くと低くなることがイメージできると思います。この高低によって強弱をつけてみましょう。あるいは、この基本を逆手にとって、音程が上がるときに小さく弾くことで意外性をもたらす方法もあります。いろいろと効果的な表現を工夫してみるといいでしょう。

最後に、重要なことをもうひとつ。先ほど歌ってみたメロディーをどう表現したいのかを自分で考えてから弾いてみることです。歌詞の情景を考えながら感情移入してみるのもいいですし、風景を浮かべながら湧き上がる感情をそのまま音にのせてもいいのです。「感情を素直に音として表現する」、このことが何よりも音楽的であり、すばらしいことだと思います。

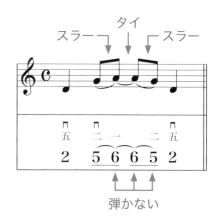

コツ 34 上手なスラーは 弦スレスレでキーを押す

なめらかに演奏することを指示する記号がスラーです。大正琴は基本的には弦を はじいて音を出しますが、スラーのときは弦を弾かずに発音します。

CHECK 1 なめらかな表現、スラーの醍醐味

2音以上の異なる音程の音を、なめらかにつないで演奏することを「スラー」といいます。譜面では「⌒」という曲線で表します。

大正琴は、基本的にはキーを押してピックで弾いて発音します。ところがスラーが付く場合、前の音を右手で1回弾いて、その余韻が残っている間に次のキーを押すことで発音します。この際、2つ目の音はピックで弾きません。

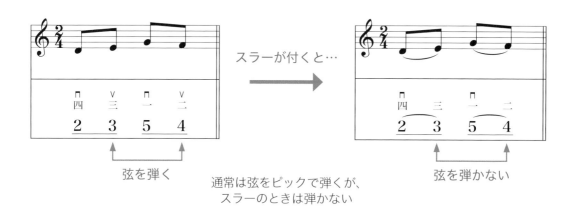

スラーが付くと…

弦を弾く

通常は弦をピックで弾くが、
スラーのときは弾かない

弦を弾かない

タイも同じ「⌒」という曲線を使いますが、意味は全く異なります。タイは、同じ音程の2つの音をつないで、その音価分を伸ばす、という意味です。

スラーで演奏すると、ピックで弦を弾かないためアタックがなくなり、やんわりとした発音になります。その結果、なめらかなフレーズを奏でることができます。

スラー　タイ　スラー

弾かない

スラーとタイを混同しないように注意！

大正琴は音の持続時間が短いため、スラーは8分音符や16分音符など短い音符が連続するときや、速いテンポで演奏する曲の中で使われます。特に高音になると、キーを押さえたポイントから糸掛板までの間隔が非常に狭くなり、音の持続時間は極端に短くなります。ですので、譜面にスラー記号は付いていないけど滑らかに弾きたいと思ったら、スラーは低音で行った方がいいでしょう。

スラーを行う際は、キーの操作がポイントになります。

キーから伸びたレバーと弦の間隔は3mm前後あります。何も考えずにキーをグッと押し込むと、金属（レバーと弦）同士が触れあうノイズの方が大きく出てしまいます。それを防ぐため、**キーを少し押して弦に対してスレスレまで下げてから押し込みます**。これでレバーが弦にあたるときのノイズが軽減されます。

また、音が上行するときのスラーと下行するときのスラーは、少しだけ異なります。

①上行するフレーズでのスラー

上行する際は、これまで練習してきたように、前の音のキーを押さえたまま、次のキーを押さえるだけなので、スラーになりやすいです。

1つ目のキーを押さえて弦を弾き…

1つ目のキーを押さえたまま
2つ目のキーを押し込む

②下行するスラー

通常、下降する場合はキーを離すと音が消えてしまうので、2つ目の音をあらかじめ準備し、押さえておきます。しかしスラーの場合、2つ目のキーは離しておいて、1つ目のキーを離すと同時に素早く2つ目のキーを押します。

1つ目のキーを押さえて弦を弾き…

1つ目のキーを離すと同時に
2つ目のキーを押さえて発音する

上達編

いろいろなテクニックを確実に使いこなす

87

コツ 35 心に響くビブラートは、弾いた少し後から揺らす

メロディーを切なく表現し、人の心を動かせる奏法、ビブラート。哀愁を帯びた
メロディーを奏でられるよう、その仕組みを理解し、センスよく取り入れましょう。

CHECK 1 まずビブラートの仕組みを理解しよう

　ビブラートは、ピッチを微妙に変化させ、音を波打つように揺らす奏法で、弦楽器の醍醐味の1つでもあります。メロディーを美しく表現できるので、中級者に限らず初心者の方でも「ビブラートで弾きたい」という方は多いことでしょう。

　音は、本来の正しいピッチから、微妙に低くしたり高くしたりすると揺れているように聞こえます。この現象を利用するのがビブラートです。

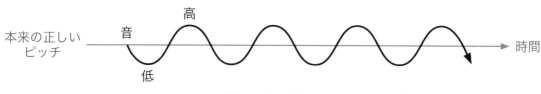

ビブラートの仕組み

　大正琴は、キーから伸びたレバーで弦を押して、フレットでロックします。この押さえた"点"を微妙にずらすことによって、ピッチをほんの少しだけ変化させることができます。この動きによってビブラートが生まれます。

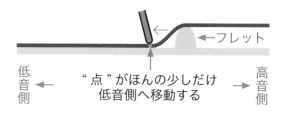

"点"がほんの少しだけ
低音側へ移動する

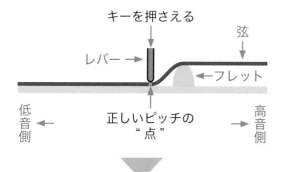

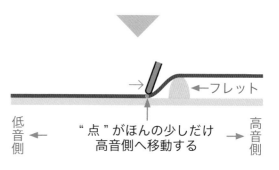

"点"がほんの少しだけ
高音側へ移動する

大正琴でのビブラートの仕組み

重心を動かしてビブラートしてみよう

　"点"を動かすにはキーの重心を移動します。ほかの指に比べて力のコントロールしやすい中指でキーを押し、ビブラートしてみましょう。

　まず、「3」のキーを押して弦をはじきます。これまでお話ししてきたようなポイントに注意して、キーを正確に押さえ、豊かで長い音を出してください。

　発音したら、キーを押さえたまま、中指の重心を左へ移動してみましょう。弦と触れているレバーの位置がほんの少しだけ左側へ移動し、音が低くなります。

　続いて、キーを押さえたまま、中指の重心を右側へ移動します。このとき、押さえた力が弱まらないようにしてください。重心は、最初に押さえた"点"を通り過ぎ、今度は少しだけ右側に移ります。このことによって、音が少しだけ高くなります。

　キーへの重心が移動することによって弦に触れる位置が動くため、ピッチが低くなったり高くなったりするというわけです。この動作をゆっくりと繰り返して、音が揺れていることを確認しましょう。また、中指以外の指でもビブラートできるようトライしてみてください。

キーを押さえて…

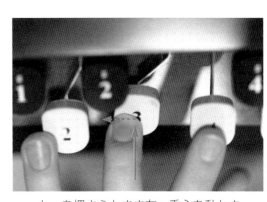
キーを押さえたまま左へ重心を動かす

同様に右側へ重心を動かす

上達編　いろいろなテクニックを確実に使いこなす

重心を移動する間隔を広くすると深い揺れ、狭くすると浅い揺れが生まれます。また、重心移動のスピードを速くすると細かい揺れ、遅くするとゆるやかな揺れになります。この組み合わせで無限のビブラートが生まれます。自分の楽器で、ビブラートの具合をいろいろと試してみましょう。

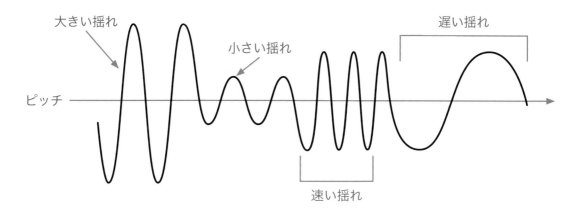

さまざまなビブラートのイメージ

ビブラートはセンスよく！

ビブラートは、譜面での指定は特になく、演奏者の感覚に委ねられます。ですので、ビブラートのかけ具合やビブラートするポイントには奏者のセンスが表れます。以下、ビブラートのコツをまとめておきましょう。

まず、ビブラートは比較的長い音符のときにかけましょう。曲のテンポにもよりますが、4分音符以下の短い音符でビブラートしても、思ったほどの効果はなく、逆にメロディーのリズムを壊してしまう可能性もあります。おおむね2分音符以上の長い音符でビブラートするといいでしょう。

次に、ピックではじいてすぐにはビブラートしないことです。ビブラートは、あくまでも音を余韻の中で揺らすことによって味わいを感じさせる奏法です。弾いたあと、一呼吸おいてから揺らすようにしましょう。

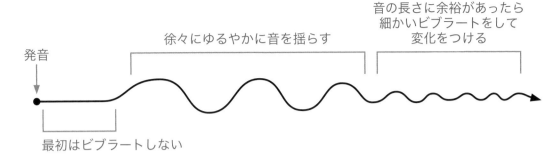

発音

徐々にゆるやかに音を揺らす

音の長さに余裕があったら
細かいビブラートをして
変化をつける

最初はビブラートしない

発音してすぐにはビブラートしない！

また、高音域よりも低音域でビブラートした方が効果的です。大正琴は、キーで押さえた"点"と弦を固定している糸掛板との間隔が、低音は長く、高音になるほど短いため、低音の方が音の余韻は長くなります。長い余韻の方がビブラートはかけやすいため、低音域の方がビブラートはかけやすく、高音域になるほど揺らせる時間や振幅は短くなります。大正琴の弦は、ギターやベースなど他の撥音楽器より短いので、音の余韻の長さもある程度限られます。できるだけ長い余韻を残せるよう、正しい弾き方をチェックすることも大切です。

なお、ビブラートにまだ慣れていない方に多いのが、左手の動きに右手がつられて、同じように動かしてしまうことです。「左手はキー操作、右手は弦をはじく」というごく基本的な動作に立ち返って、両手をしっかりコントロールするようにしてください。

最後に、これが一番大切なことですが、メロディーの持っている雰囲気や世界観を大事にしながら、自分の感情を込めたい場所で、歌うようにビブラートするのがコツです。ビブラートは本来、メロディーの持つ素材のよさを引き立てるスパイスのようなもの。「いつでもどこでもビブラート」という考え方は誤りです。「なんのために、どのくらいビブラートしたいのか」を常に考えるようにしてください。

いろいろなテクニックを確実に使いこなす

ビブラートのポイント

・長い音符でビブラートする
・発音してすぐにはビブラートせず、一呼吸おいてから
・低音を中心にビブラートする
・"いつでもどこでも"のビブラートは厳禁！センスよくビブラートしよう

コツ 36 右手のテクニックを駆使して表現をふくらませよう

右手で行う奏法にはアルペジオとトレモロ、それに一本返しがあります。メロディーにニュアンスと息吹を吹き込めるように、まとめてマスターしましょう。

CHECK 1 アルペジオは丁寧にゆっくりと弦をはじく

ピックの先端を1弦側へ少し傾けて4弦から1弦へ"ポロロ〜ン"というように弾くのが「アルペジオ」です。全弦弾き（☞P.53）は5・6弦も含めて全ての弦を弾きますが、アルペジオは1〜4弦だけを弾くので混同しないよう注意してください。

アルペジオは、音色の柔らかさやメロディーの奥深さを表現できる奏法で、丁寧にゆっくりと弦をはじくのがポイントです。

数字譜では、数字の左に矢印の付いた縦の波線でアルペジオを表します。ゆっくりと丁寧にアルペジオして、歌うように「さーくーら〜、さーくーら〜♫」と奏でてみてください。

アルペジオは、まさに"箏"のようなイメージを表現するにはぴったりの奏法です。"ポロロ〜ン"と弾くスピードによってもニュアンスが変わってきますので、曲のテンポに応じて試してみるといいでしょう。

弾く前にピックを
1弦側に少し傾ける

4〜1弦を丁寧に
"ポロロロ〜ン"と弾く

	さ	く	ら		さ	く	ら		や	よ	い	の
	二		一		二		一		二	一	二	一
	↑5	↑5	↑6	−	↑5	↑5	↑6	−	5	6	6	6

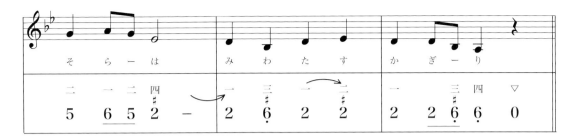

「さくらさくら」の冒頭でアルペジオしてみよう

CHECK 2 トレモロしても意識は左手にも向かうこと

アルペジオは比較的ゆっくりと弦を弾きました。一方、向こう弾きと手前弾きを素早く繰り返して音を震わせる奏法が「トレモロ」です。曲を盛り上げたい場所や、流れるようなメロディーを奏でたい箇所でトレモロの指定があります。数字譜では、数字の上に「*tr*」を付した横の波線で表します。

トレモロするときには、ピックをまっすぐ垂直に立てたまま、手首を細かく動かし、1〜4弦を急速にかき鳴らします。4本の弦の上を滑らせるように、軽やかに弾きましょう。

普段ハードやミディアムの硬さのピックを使っていて、トレモロで弦に引っかかってしまうという人は、薄い Thin のピックを使ってみるといいでしょう。薄い方が反発力は弱いため、トレモロのようななめらかに弾く奏法で効果を発揮すると思います。

また、ピックが引っかかってしまう場合は、弦に当たる部分を少し傾けてみましょう。ピックの接地面を広げることによって、トレモロしやすくなるので試してみてください。

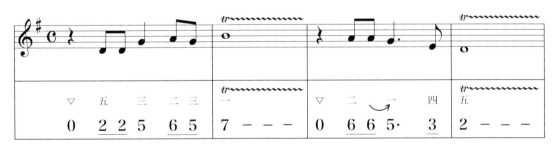

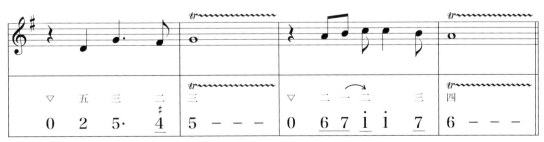

波線の部分でトレモロをしよう

上達編

いろいろなテクニックを確実に使いこなす

トレモロは、「弱→強→弱」という音量変化を付けると効果的です。スタートは弱く、徐々に強くして、最後にまた弱くするという波をつけてみましょう。弱の部分は振り幅を狭く、徐々に広げていって、シメの部分でまた狭くすると音量変化がつきます。この「弱→強→弱」を基本に、曲やフレーズによって「強→弱→強」や「強→強→弱」など、強弱の付け方を考えてみるといいでしょう。

トレモロは、ビブラートとは逆に、右手の動きに意識が引っ張られ、左手の動きがおろそかになりがちです。左手は常に冷静に、リズム通りにしっかりと集中するように心がけてください。

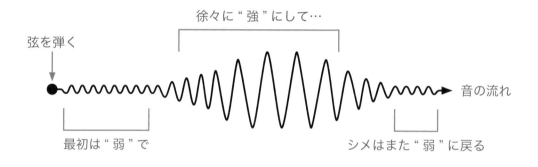

徐々に"強"にして…

弦を弾く

音の流れ

最初は"弱"で

シメはまた"弱"に戻る

トレモロは音量変化させることがコツ

CHECK 3 　一本返しは一番向こう側の一本だけを弾く奏法

長い音符が持続している間に、まるで"ささやき"のように音を入れる奏法が「一本返し」です。楽曲の途中に軽く薄い音を入れたい場合や、リズムをはっきりさせる効果もあります。

一番外側の１弦のみを、ピックで軽く"ピーン"という具合に、向こう側からすくい上げるように弾きます。

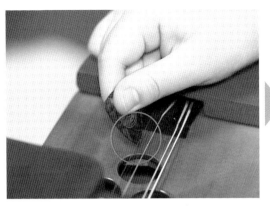

1弦の向こう側にピックを当てて…

1弦だけをすくい上げるように弾く

CHECK 4 優しく丁寧に弦を弾き上げることがポイント

　一本返しは、メロディーの合間をぬって"合いの手"的なイメージを表現することができます。丁寧に一本だけを弾くには慣れが必要ですが、"優しくはじく"というよりは、弦に触れるような感覚で"すくい上げる"といったニュアンスが近いかもしれません。

　数字譜では、音の長さを表す線「—」の上に「∀」の記号で表します。似たような形をした「▽」は、消音記号なので休符に付けます。しかし、「∀」は音を伸ばしている間に付されます。間違えやすいので注意してください。

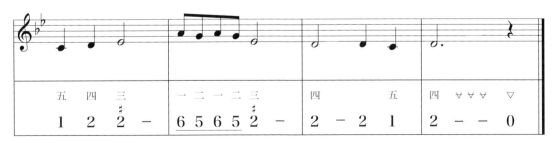

メロディーの"合いの手"的な感覚で一本返しを入れよう

右手のパーツを代えて弾けるのも大正琴の間口の広さの1つ

大正琴は右手で持ったピックで弦をはじいて発音します。ピックの代わりに、ほかのアイテムを使って弾くと、大正琴の可能性が大きく広がります！

CHECK 1 スティックを使うと、全く異なる味わいになる

　大正琴は、基本的にはピックで弦をはじいて音を出します。ところが、ピックの代わりにほかのアイテムを使うと、本来の大正琴の音とは異なる、味わい深い音色で奏でることができます。その代表がスティックと弓です。まずスティックを見てみましょう。

　スティックは文字通り"棒"です。私は、ハンマーダルシマーという楽器で使うバチをスティックとして使っています。

ハンマーダルシマーは打弦楽器の一種

　ハンマーダルシマーは、台形の箱に張られた約70本の金属製の弦を、ハンマーというバチで打って演奏する打弦楽器の1つで、起源は中東ペルシャと言われています。多くの弦楽器が、弦をはじいたり、弓でこすったりして音を出す中、ハンマーダルシマーや中国のヤンチンのように弦を叩いて音を出す楽器は珍しい部類になります。ちなみにハンマーダルシマーは、金属製の弦を打って音を出す発音法がピアノに似ているため、"ピアノの先祖"と呼ばれることもあります。

　ハンマーダルシマーで使うバチは、木製で軽く、手でつかみやすいように柄の部分がえぐれています。ちょうど手になじむ長さのために私は愛用していますが、細長い棒状のものであれば何でも代用できます。鉛筆や筆など、軽くて柄が細長いもので試

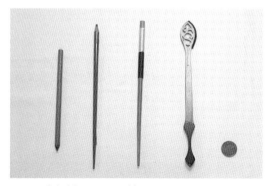

一番右がハンマーダルシマーのハンマー

してみてもよいでしょう。

　ハンマーダルシマーは両手にハンマーを持って演奏しますが、大正琴はもちろん右手で一本だけ持ちます。スティックは、親指と人さし指で軽く挟んで持ちます。そして、**スティックを"弦に打ち付ける"というよりも、スティックの重さと弦の反発力を利用して"弦の上ではずませる"感じで打弦しましょう。**

　ピックで弾くときに比べてまろやかな音色になり、日本では『トトトのうた』としても親しまれている『チョップスティック』といった曲など、軽やかな演奏にも向いて

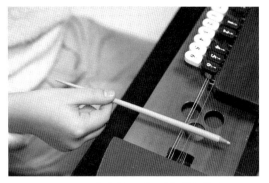

スティックを弦の上ではずませる

います。また、手に障害があってピックを持ちにくい方や、小さなお子さんでも気軽に大正琴を弾くことができます。ぜひ試してみてください。

CHECK 2 　弓を導入すると音価が伸びて艶やかな音になる？！

　次に、ヴァイオリンなどで使う弓を紹介しましょう。ピックの代わりに弓を使うと、音価が伸びて音が持続します。**低音域はチェロのような、高音域はヴァイオリンのような、伸びやかでつやのある、豊かな音色を楽しむことができます。**

　弓は使用前に準備が必要です。保管していたケースから弓を出したら、まずスティックの根元にあるボタンを回して弓毛の張り具合を調整します。毛とスティックとの間隔が、スティック一本分くらいになるように張りましょう。毛がスティックにベタッと付かない程度であればOKです。

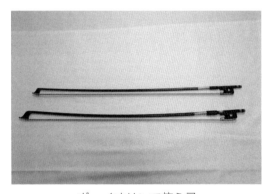

ヴァイオリンで使う弓

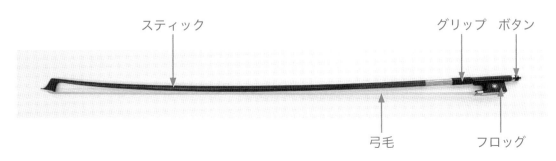

スティック　　グリップ　ボタン　弓毛　フロッグ

弓の主な部分の名称

弓毛を張ったら、毛に松ヤニを塗ります。松ヤニには粘り気があり、弦をこすると毛に塗られた松ヤニと弓毛に摩擦が生まれます。この摩擦が弦を震わせ、音が出るという仕組みになっています。松ヤニを塗る量は、弓元から弓先まで4〜5回往復すれば十分でしょう。

　弓の準備ができたら、右手の親指・人さし指・小指の3点で支えるように持ちます。中指と薬指は 軽く添えるだけでかまいません。力を入れて"握る"のではなく、弓が滑り落ちない程度にやんわりと"支える"イメージで持ちましょう。

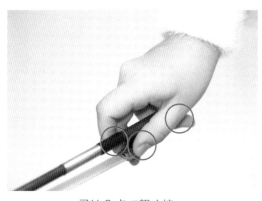

弓は3点で軽く持つ

　そして、ふだんピックで弾く位置に弓を置き、弦に対して弓毛を垂直に当て、向こう側と手前側にゆっくりと大きく動かします。毛が弦をこすっている間は音が持続するため、左手でビブラートすると非常にふくよかで美しいメロディーを奏でることができます。

弓を大きく前後に動かしてみよう！

　弓を使って演奏した後は、楽器に付着した松ヤニをしっかり拭い取ることを忘れないようにしてください（☞ P.26）。また、お手入れ後にケースへ保管する際は、必ずボタンを回して毛を緩めるようにしましょう。弓のスティックは、もともとまっすぐな木材を熱処理によって反らせています。演奏時の張り具合のまま保管すると、弾力を失い、弓を傷める原因になります。毛がスティックに軽く当たる程度まで毛を緩めればOKです。

弓での演奏には“ヴィオリラ”が大活躍！

　弓を使った演奏は「ヴィオリラ」という楽器が相性バツグンです。**ヴィオリラは、大正琴の仕組みとヴァイオリンなど擦弦楽器の音作りのノウハウが合体した、大正琴の進化系ともいえる弦楽器です。**

　ヴィオリラには、大正琴で一般的な「ピック弾き」以外にも、さまざまな奏法があります。特に弓での演奏は、これまでの大正

琴の概念を覆すほどの可能性を秘めています。指で弾いたり、スティックで弦を軽く叩いたりすることで、独特の世界観を演出することもできます。

　2台目の大正琴を購入しようと検討している方は、ヴィオリラも選択肢に入れてみるといいでしょう。

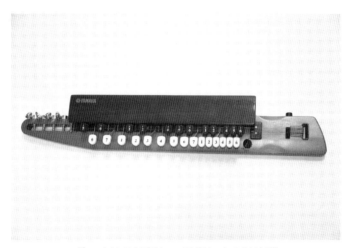

ヴィオリラは新しい発想による弦楽器

ヴィオリラの発音法

● 弓奏：ヴァイオリンやチェロなど擦弦楽器特有のふくよかな音色が出せる。
● 指奏：指で弦をはじくと、マンドリンやギターに似た優しい音色を楽しめる。また、右手で消音しながら指で弦をはじくと、沖縄の三線に似た音色も奏でられる。
● スティック：スティックや、マリンバで使うマレットで弦を打つと、ダルシマーやスチールドラムのような演出もできる。

上達編　いろいろなテクニックを確実に使いこなす

コツ 38 仕上げに音階のことも 理解しよう

大正琴は、数字譜をそのまま練習すれば曲を楽しむことができます。しかし、音階（スケール）のことを知れば、音楽のことをもっと深く理解できますよ。

CHECK 1 音を規則的に並べたものがスケール

「ドレミファソラシド」のように、1オクターブの範囲内で音を規則的に並べたものを「音階」といい、英語ではスケール（Scale）といいます。ここからは音階をスケールとして表記していきます。37ページで少し触れましたが、大正琴の「1（C）」

からスタートし、オクターブ上の「i（C）」まで、全音と半音を「全全半全全全半」という規則で並べるとスケールができます。大正琴のキーを模した図で確認してみましょう。

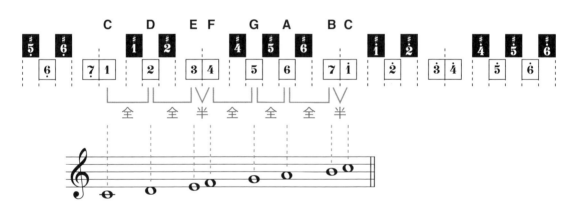

全音と半音の並び方

実は、この「全全半全全全半」という全音と半音の順番は、スタートする音が変わっても規則性は同じです。

たとえば、「1（C）」ではなく「5（G）」からスタートして、先ほどの「全全半全全全半」という規則で弾いてみてください。「3」と「4」の間は半音のため、「4」を「♯4」

にして全音にする必要がありますね。

同様に「2（レ）」からスタートして、同じように「全全半全全全半」という順番で弾きます。すると、「4」を「♯4」にすることに加えて、「i」も「♯i」にして全音にすることがわかると思います。

100

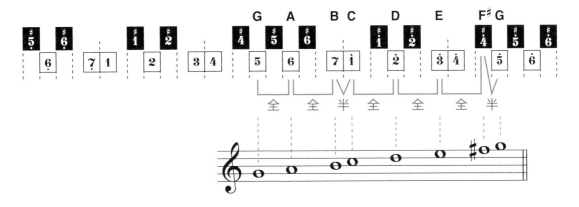

5（G）からスタートする並び

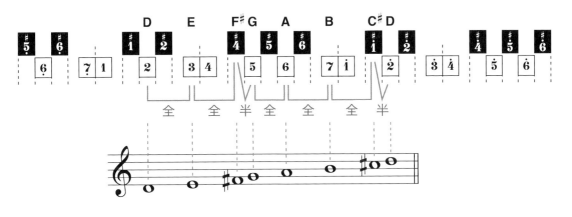

2（D）からスタートする並び

　スタートする音のことを「トニック（基音）」といいます。上の例のように、トニックが変わると、スケール（音階）の中で扱う音が変化します。スケールは、トニックの音名を代表として「○メジャースケール」といいます。上の例でいうと、「1（C）」をトニックとしたスケールは「Cメジャースケール」、「5（G）」をトニックとしたスケールは「Gメジャースケール」、「2（D）」をトニックとしたスケールは「Dメジャースケール」、などといいます。

今度はトニックをＡにして、Ｃメジャースケールで使う音のままスケールを弾いてみましょう。「全全半全全全半」という順

番は変えず、白いキーだけを使います。

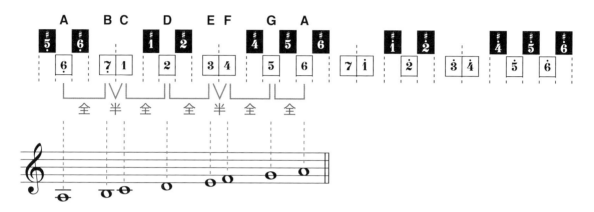

Ａからスタートすると、もの悲しいスケールになる

なんだか、ちょっともの悲しく暗い雰囲気になりますよね。これは、スケールの並び方が「全半全全半全全」に変わってしまったことが影響しています。

この「全半全全半全全」という並び方をマイナースケールといって、Ａをトニック

とするマイナースケールのことを「Ａマイナースケール」といいます。

ちなみに、Ｃをトニックにしてマイナースケールの「全半全全半全全」という並びにしたＣマイナースケールは、以下のような音の並びになります。

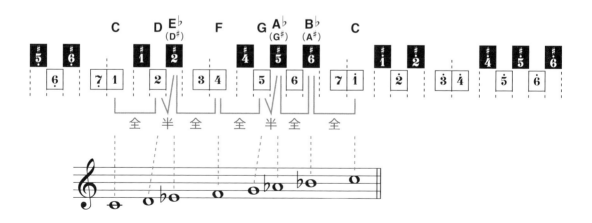

Ｃマイナースケールでは黒い鍵盤を３個使うことになる

このように、スケールには明るい雰囲気の「メジャースケール」と、もの悲しい雰囲気の「マイナースケール」があります。そして半音と全音は、メジャースケールでは「全全半全全全半」、マイナースケールでは「全半全全半全全」という順番で並んでいます。

また、スケールの出発点になるトニックは、CからBまで12個あるので、それぞれメジャースケールとマイナースケールを

つくると、全部で24通りのスケールができることになります。ただし、24のスケールを丸暗記する必要はありません。

以下、大正琴でよく用いられるスケールをセレクトしました。58ページでも触れたように、音階練習はあらゆる演奏の基本となるトレーニングです。それぞれのスケールを、毎日のウォーミングアップとしてぜひ取り入れてください。

大正琴でよく使われるスケール

本番編

人前で楽しく演奏するために
必要なこと

コツ 39 大正琴の魅力が最大限楽しめるのがアンサンブル

音楽の醍醐味は、なんと言ってもアンサンブル。一人で地道な練習を続けてきた方も、一歩踏み出してアンサンブルの楽しさを体験しましょう！

CHECK 1 音楽はアンサンブルがなによりも楽しい

音楽の演奏形態には、1人で演奏するソロ（独奏）に対して、2人以上で演奏するアンサンブル（合奏）があります。大正琴はピアノやギターなど複数の音を出せる楽器とは異なり、単音しか出せません。他の人とアンサンブルしてみると、音と音とのからみや和音が感じられるなど、新たな発見があります。

最初は、全く同じメロディーを複数の人で演奏する「ユニゾン」にチャレンジしてみるのもいいでしょう。同じ音を奏でるユニゾンも立派なアンサンブルです。ピッチやリズムがぴったり合って曲の最後まで演奏できたら、きっと一体感が生まれることでしょう。

また、2〜3人でパート分けして、ときにはユニゾン、ときにはハモったりリズムがからみ合ったりというアンサンブルも実に楽しいものです。大正琴の小編成アンサンブル用にアレンジされた楽譜は市販されているので、手軽に入手できます。大正琴専用にアレンジされたものではなくても、たとえば合唱アンサンブルや、リコーダー・ハーモニカの合奏など、他の楽器用にアレンジされた楽譜も利用できます。あるいは、音楽の教科書や副読本にもアンサンブル用

にアレンジした曲が掲載されているので、それらを使ってみるのもいいでしょう。

さらに、もしレッスン教室や市民講座などで、ほかの方々と一緒に大編成で合奏する機会があったら、ぜひ参加してみてください。音域の異なる楽器を使ったアンサンブルは、世界が大きく広がり、さながらオーケストラのようです。重厚感・リズムのからみ・表現の幅など、1人で練習しているときの感覚とは異なり、虜になるほどの魅力を感じることでしょう。

「アンサンブルはしてみたいけど音楽仲間がいないし……」という方は、伴奏用のカラオケが収録されている音源を入手して、アンサンブルを体験するという方法も

大正琴のアンサンブルはさまざまな編成が考えられる

あります。カラオケは MIDI という音楽用のデータとしても入手できるので、パソコンやタブレットなどで再生できます。

　また、専用の音源再生機では、テンポを変えることも可能ですし、カラオケのように伴奏を流しながらメロディーを練習することもできます。電子ピアノにも同じような機能が搭載された機種もありますので、マニュアルで確認してみるといいでしょう。ちょっとだけ扉を開いて、アンサンブルの世界に足を踏み入れてみましょう！

デジタル機器も積極的に取り入れよう

アンサンブルで最も大切なのは「思いやりの心」

　音楽には、「メロディー・リズム・ハーモニー」という３つの要素があり、これを「音楽の三大要素」といいます。この要素のどれか１つでも欠けてしまうと、いい演奏にはなりません。アンサンブルは、楽器の音域や特性などに応じて、これらの要素が各パートに振り分けられます。

　中でも一番の花形は、メロディーを奏でるパートです。知っている曲ならどのフレーズがメロディーに相当するのかがわかると思います。初めて演奏する曲の場合は、どの部分がメロディーに当たるのかを考えてみましょう。そして、聞いてくれる方々が満足できるよう、メロディーを届けてください。

　メロディーではないハモリや対旋律のパートの人は、メロディーをしっかりと引き立たせるように演奏することが大切です。ときには目立たない音の流れになることもありますが、このパートがあってこそ曲が美しく組み立てられているという責任をもって演奏しましょう。逆にメロディーパートの人は、他の方々に支えてもらっているという気持ちをもって、決しておごることなく、しっかりとメロディーを奏でましょう。

　実はアンサンブルで一番重要なのは、低音域を支えるベースのパートです。"縁の下の力持ち"的な役割を担うベースは、その上にある音すべてを支え、三要素の骨格を形成しています。リズムを組み立てるのも、多くの場合ベースが受け持ちます。ベースパートの人には、支える喜びを感じてもらえればと思います。

　アンサンブルで一番大切なことは「思いやりの心」です。他の人に合わせる心、他の人を支える心、他の人に感謝する心。互いに思いやりの気持ちを持って、すてきな音楽を奏でてください。

コツ 40 しっかり準備をして本番に臨もう

発表会やコンサートなど、人に聞いてもらう機会があったらどんどん参加しましょう！　楽器の習得には、人前での演奏が何より近道なのです。

CHECK 1 人前で積極的に演奏しよう！

　一人で黙々と練習を続けたり、教室に通ってレッスンを受けたりすることも大切ですが、人前で発表するチャンスがあったら、ぜひ積極的に参加しましょう。

　もちろん、人前での演奏はだれしも緊張します。同じ曲を何度も繰り返し練習していても、本番が迫ってくるとプレッシャーに押しつぶされそうになることも。しかし、

そういった努力や忍耐を乗り越え、晴れてステージに立って演奏が終わったときの達成感は、何事にも代えがたいものです。

　人は、目標や課題を設定することで大きな力を発揮します。そして、その経験があなたの演奏力や音楽力を高め、大きな財産になります。**ステージという大きな目標に向かって、一歩踏み出しましょう！**

本番は緊張するかもしれないけれど、その分大きな成長の場になる！

CHECK 2 ステージを見据えて練習しよう

　コンサートや発表会など、人前で演奏することが決まったら、演奏する曲を毎日のように練習すると思います。その際、本番の演奏中にミスをしても慌てないよう、練習の段階から本番を見据えた取り組み方を

しておくことが大切です。

　演奏中に間違えたとき、同じ部分を弾き直す人がいます。中には、冒頭から弾き直さないとわからないという人もいます。真面目な性格の人ほど、完璧に演奏しなくて

は……と思うあまり弾き直してしまうのですが、これは大きな間違いです。音楽は本来、流れているものなので、途中でストップしたり、同じ部分を繰り返し演奏したりすると、曲として成立しません。なにより、聞いている方の大きなストレスになります。特に、アンサンブル曲の場合は、周りとずれて他の奏者にも迷惑をかけてしまいます。

もし間違えたとしても、楽器から一瞬手を離して冷静になり、次へと進めばいいのです。

そのために、普段の練習でも、曲の途中から弾けるようにしておきましょう。フレーズの切れ目や、流れが大きく変化する箇所などから弾いてみることです。また、よく間違える部分があったら、その少し前のキリがいい箇所から練習し、少しずつ広げていきましょう。冒頭から曲の最後まで通して弾く練習は、最後の仕上げでかまわないのです。

ステージ上ではミスがつきものです。ノーミスで演奏できるほうが珍しいと思っておいたほうがいいでしょう。ミスを恐れず、堂々と楽しく演奏できるよう、普段から地道な練習を繰り返しましょう。

CHECK 3 準備あれば憂いなし、ハード面のチェックも怠りなく！

本番へ向けて黙々と練習を続ける中で、意外と見落としがちなことが、楽器周りや衣装など、ハード面の準備です。特に、弦とバッテリーの交換は必須ですので、忘れないように心がけてください。

弦は消耗品なので定期的に交換すると思いますが、本番の前にも必ず交換するようにしましょう。弦を交換した際は、弦自体のテンションが落ち着かず伸びてくることが多いので、本番前日ではなく2〜3日前に交換して練習し、弦をなじませておくことが大切です。

意外と忘れがちなのが、エレキ大正琴など電池を使う楽器のバッテリー交換です。本番の最中にバッテリーが切れて音が出なくなってしまったら、どんな人でもパニックになってしまいます。普段の練習ではあまり気にしていないと思いますが、本番前には必ず交換して、万全の状態で臨めるようにしておきましょう。

また、本番はステージ衣装を着ることと思います。衣装をつけると、裾の長さや着心地、靴の高さなどが普段着ているものと異なります。衣装によっては、とても演奏しづらい状態かもしれません。そのため、家での練習の際に、必ずすべてのステージ衣装を身に着けてチェックしてみてください。衣装だけでなく、靴やアクセサリー、人によっては帽子や眼鏡など、ステージと全く同じ状態を試してみるのです。こうすることで、いろんな角度から最も演奏しやすく見栄えのいい状態をつくることができます。

なお、ステージでは立奏が多いと思いますので、家でもスタンドを使って立って練習しておきましょう。

本番で緊張しないコツ教えます！

一生懸命練習し、いよいよ本番当日。ドキドキとワクワクが交錯していると思います。自信を持って、ステージを大いに楽しみましょう！！

CHECK 1 チェックシートを作ろう！

意外かもしれませんが、本番では練習の60％も実力が出せれば十分、80％もできたら大成功と言われます。緊張してしまうこともその要因の1つですが、「ステージの上には魔物が棲む」という言葉もあるくらい、必ず何らかのトラブルが起こるからです。予期せぬできごとが起きるのは当たり前。むしろ、不測の事態が起こった際にどう対処できるかが、ステージの成否を分けるともいえます。

トラブルをできるだけ回避するには、本番前に考えられる限りの準備をしておくことです。そのために、**チェックシートを作**成して、トラブルのタネを1つ1つつぶしていきましょう。

たとえば、以下のように「本番までのToDoリスト」と「忘れ物チェックリスト」を作成するといいでしょう。ToDoリストは、当日までに準備すべきことを思いつくまま全て記入します。忘れ物リストは、当日必ず持参するものをもれなくリストアップしていきます。

全ての準備を終えたら、前日は食事を摂り過ぎないようにして、しっかりと睡眠時間を確保し、早めに寝るようにしましょう。

本番までの ToDo リスト

- □ 弦の交換
- □ バッテリーの交換
- □ 楽譜を曲順通りにそろえる
- □ 衣装合わせ
- □ アクセサリーの選択
- □ 床屋・美容院で髪を整える
- □ 会場までのアクセス確認

忘れ物チェックリスト

- □ 楽器
- □ スタンド
- □ ピック
- □ チューナー
- □ 替え弦
- □ クロス
- □ スティック
- □ 弓
- □ 楽譜
- □ 衣装
- □ アクセサリー
- □ ステージ用の靴
- □ 普段服用している薬や目薬、リップクリームなど
- □ 化粧道具

CHECK 2 本番前は厳正なチューニングを！

演奏会などの本番前は、自分の楽器をしっかりチューニングすることはもちろん、一緒に演奏する人全員のピッチをぴったり合わせるために、厳正なチューニングが必要です。ところが、メンバーがそれぞれチューニングすると、チューナーの性能や奏者の音感の違いによって、ピッチに微妙なズレが生じることがあります。そこで、**誰か1人がチューニング係となって、1つのチューナーを使い、全員の楽器をチューニングすることをお勧めしています**。チューニング係はイベントごとに交代してもかまわないので、責任を持って全員の楽器のチューニングをするようにしてください。

大正琴は繊細な楽器なので、温度や湿度、振動などによってピッチが微妙に変化してしまいます。現在はキャリブレーション（チューニングの際の基準ピッチ）を442Hzに設定してチューニングすることが多いのですが、天候や気温などを考慮して、441Hzや443Hzに設定することもあります。ピアノなど他の楽器がアンサンブルに加わる場合も、その楽器のピッチを確認して合わせてください。また、振動対策として、できるだけ本番直前にチューニングし、チューニングが完了したら弾くときまで触らないようにしましょう。

なお、本番中でも、ピッチがずれてきたと感じたらステージ上でチューニングを確認するようにしてください。特に、**スティックを使って演奏したあとはピッチが下がる傾向があるので要注意です。**

CHECK 3 いざステージへ！！

さあ、いよいよ本番です！

ステージの袖から会場を見て、「お客さんが一杯だ！失敗したらどうしよう……」と緊張が高まり、体が固まってしまっている人もよく見かけます。まずはトイレを済ませて、とりあえず深呼吸をして落ち着きましょう。**あれだけ練習してきたんだからあなたは大丈夫、自信をもってステージに立ちましょう！**

ステージでは、下をうつむかず、ステージの一番後ろの壁を見るようにすると、堂々とした立ち姿に見えます。お客様の顔が気になるかもしれませんが、ステージには照明が当たっているため、意外と客席は見えないものです。

演奏中にもし間違えたとしても、そのそぶりは見せず、何事もなかったかのように振る舞いましょう。お客様は、あなたが間違えたことにはほとんど気付きませんし、もし気付くほどのミスを犯してしまったとしても、曲が終わる頃には忘れています。それよりも、一生懸命演奏しているあなたの姿を見ることが、なによりも嬉しいのです。

"終わりよければ全てよし"。今まで練習や準備してきたことを全て出し切って、音楽を心から楽しみましょう！

本番編 人前で楽しく演奏するために必要なこと

111

監修者紹介●泉田由美子（いずみだ・ゆみこ）

　東京都新宿区生まれ。武蔵野音楽大学卒業。「楽譜通りに演奏するだけに終わらず、もっと幅広い音楽教育を！」をモットーに、ぱぴよんの会〜生涯学習〜音楽教室を主宰。0歳児から100歳近い方々を対象に、"生涯学習"として、ピアノや合唱、声楽、大正琴、鍵盤ハーモニカ、リトミックなどを教えるほか、音楽療法やボランティアとしての演奏活動も積極的に行っている。日本のみならず海外でも公演を行い、各地で好評を博す。2020年からはオンラインレッスンにも力を入れ、Zoomでの大正琴指導者育成会「音の泉」のほか、Facebook LiveやYouTube配信などを駆使し、大正琴の普及、発展に努めている。大正琴やピアノの曲集、教則本も多数出版。

ぱぴよんの会〜生涯学習〜音楽教室

 http://www2.ttcn.ne.jp/~papillon/

 https://papiyon-music-1.jimdosite.com

STAFF

制作プロデュース：有限会社イー・プランニング
構成・文：門内 良彦（OASIS）
文・撮影：小林 渡（AISA）
編集：有限会社 AISA
本文デザイン：小島 智子
協力：株式会社鈴木楽器製作所／国分 美樹

大正琴　上達レッスン
技術と表現力を磨く

2023年8月5日　第1版・第1刷発行

監　修　　泉田 由美子（いずみだ ゆみこ）
発行者　　株式会社メイツユニバーサルコンテンツ
　　　　　代表者　大羽孝志
　　　　　〒102-0093 東京都千代田区平河町一丁目1-8
印　刷　　株式会社厚徳社

ご意見・ご感想はホームページから承っております。
ウェブサイト　https://www.mates-publishing.co.jp/

企画担当：野見山愛里沙